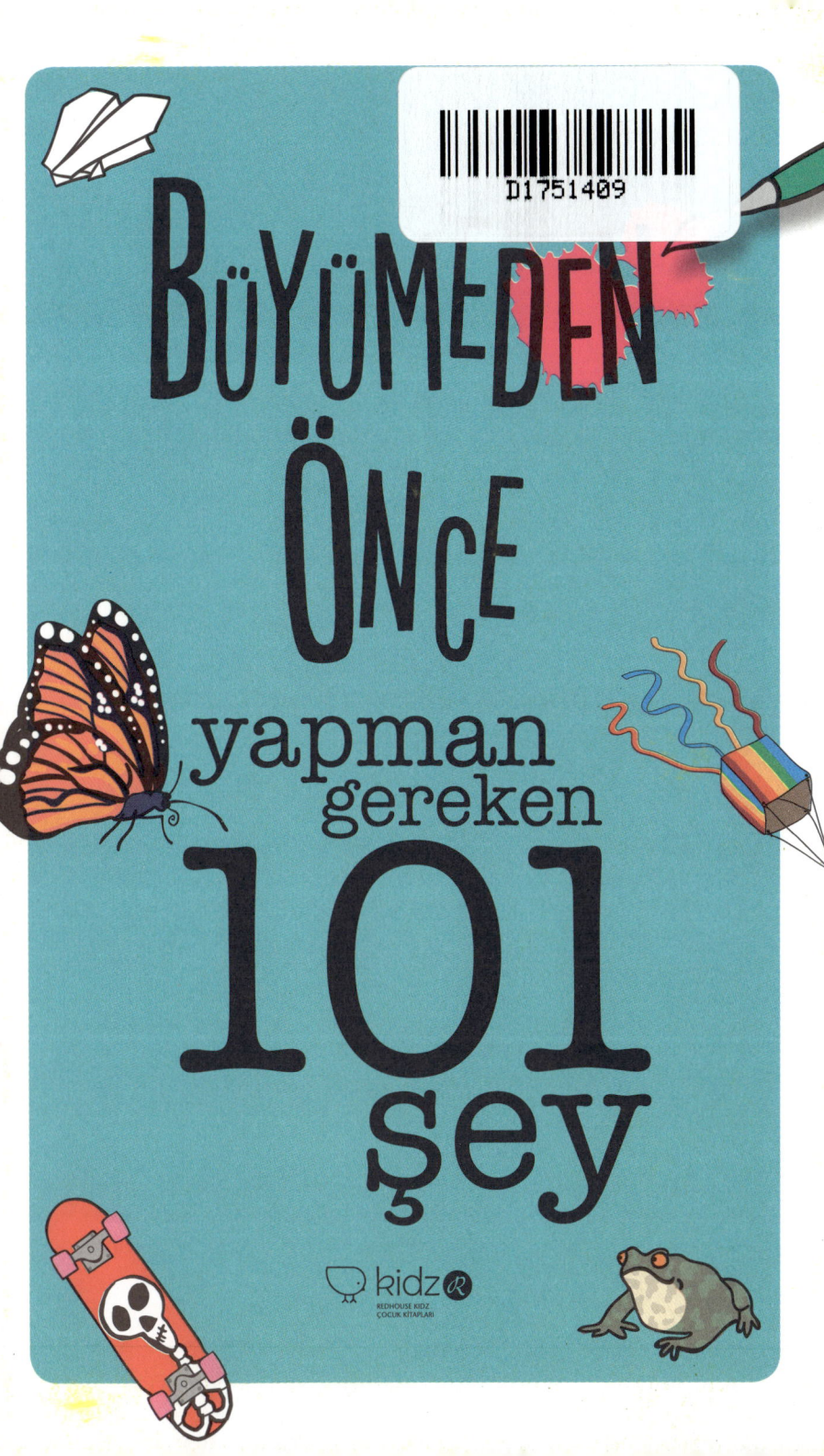

BÜYÜMEDEN ÖNCE yapman gereken 101 şey

kidz
REDHOUSE KIDZ
ÇOCUK KİTAPLARI

SEV Yayıncılık Eğitim ve Ticaret A.Ş.
Nuhkuyusu Cad., No. 197 Üsküdar İş Merkezi, Kat 3, 34664
Bağlarbaşı, Üsküdar, İstanbul
Tel.: (0216) 474 23 43 • Sertifika No. 12603

Büyümeden Önce Yapman Gereken 101 Şey

Metin: © 2014 Laura Dower
Tasarım ve Resimler: © 2014 Dan Bramall ve Katie Knutton
Orijinal Eser: © 2014 Weldon Owen
Türkçe Çeviri: © 2014 SEV Yayıncılık Eğitim ve Ticaret A.Ş.
Türkçe baskısı Weldon Owen'ın izni ile yayımlanmıştır.

Yazan: Laura Dower
Tasarım ve Resimler: Dan Bramall ve Katie Knutton
Özgün Adı: 101 Things to do Before You Grow Up
Çeviren: Mercan Yurdakuler Uluengin
Yayın Yönetmeni: Ebru Şenol
Editör: Burcu Ünsal
Baskıya Hazırlayan: Hüseyin Vatan

Birinci Baskı: Ocak 2015
Üçüncü Baskı: Şubat 2016
ISBN: 978-605-4119-72-1

Tüm hakları saklıdır.

REDHOUSE   SEV YAYINCILIK

Bu kitap Malezya'da basılmıştır.

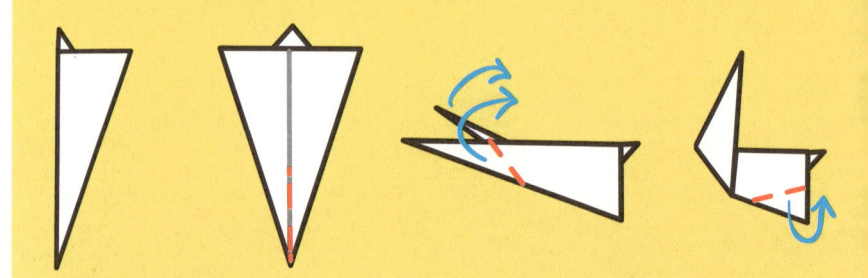

BÜYÜMEDEN ÖNCE

yapman gereken
101
şey

İÇİNDEKİLER

1 Naylon Poşetten Paraşüt Yap
2 Zaman Kapsülü Yap
3 Jonglörlük Yap
4 Beş Farklı Dilde Ona Kadar Say
5 Saate Bakmadan Saati Söyle
6 Düğüm Düğüm Ol (Kısmen de Olsa)
7 Şişede Mesaj Gönder
8 Kartopu Saldırısı Düzenle
9 Mükemmel bir Pizza Yap
10 Gizli bir Tokalaşma Bul
11 Otoportreni Çiz
12 Kendi Pusulanı Yap
13 Bir Korku Öyküsü Yaz
14 Yıldız Seyrine Çık
15 Efsane Avcısı Ol
16 Sihir Yap
17 Korkunç Siyah Çiçekler Yap
18 Kelebek Yetiştir
19 Gölge Oyunu Oyna
20 Bant Karikatür Çiz
21 İki Doğal Enstrüman Yap
22 Kendi Süper Kahramanını Yarat
23 Nota Okumayı Öğren
24 Kristal Şeker Yap
25 Kurtlarını Dökene Kadar Dans Et
26 Güneşin Gücünü Kullan
27 Uçurtma Yap ve Uçur
28 Lav Lambası Yap
29 Süper bir Takma Ad Bul
30 Her Şeyi Hatırla
31 Üç İlginç Şifre Yarat
32 Kâğıttan Harika bir Uçak Yapıp Uçur
33 Acil bir Durumun Üstesinden Gel
34 Solucan Çiftliği Kur
35 Kutulardan Şehir Yap
36 Dokumacılığı Öğren
37 Doğal Afete Hazırlan
38 Harita Okumayı Öğren
39 Beş Hayvanın Ayak İzlerini Tanı
40 Yemek Çubukları Kullan
41 Burcunu Tanı
42 Mükemmel Sınavlar ve Mekikler Çek
43 Rüyalarını Yorumla
44 Patlamayan Balon Numarasını Yap
45 Terzilik Yap
46 Bir Optik Oyuncak Yap
47 Burnunda Kaşık Taşı
48 Çevirmeli Kitap Yap
49 Çoraptan Kukla Yap
50 Karnından Konuş
51 Dondurma Yap
52 Kalem Kâğıtla Oyun Oyna
53 Bir Kutu Oyunu Yap
54 Bir Kaykay Numarası Yap
55 Dünyanın Yedi Harikasını Öğren
56 Çılgın Profesör Ol
57 Kampa Hazırlan
58 Biraz Çokbilmişlik Yap
59 Hava Durumunu Tahmin Et
60 Kendine Günlük Yap

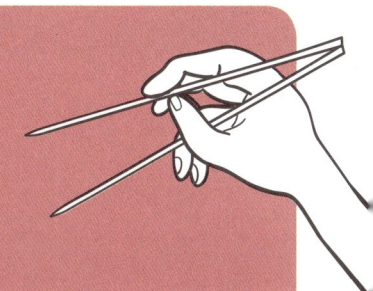

- **61** Ay'ın Evrelerini Öğren
- **62** On Farklı Dilde Teşekkür Et
- **63** Mutfakta Volkan Patlat
- **64** Kendi Beynini Aldat
- **65** Kar Küresi Yap
- **66** Kısa Film Yap
- **67** BMX Bisikletle Tavşan Zıplaması Yap
- **68** Görünmez Mürekkeple Yazı Yaz
- **69** Kendi El Falına Bak
- **70** Kendine Engel Parkuru Yap
- **71** Ünlü Ressamlar gibi Resim Yap
- **72** Çim Adam Yap
- **73** Süper bir Pijama Partisi Düzenle
- **74** Yolculukta Oyunlar Oyna
- **75** En Lezzetli Sıcak Çikolatayı Yap
- **76** Define Avına Çık
- **77** Kendi Gazeteni Yap
- **78** Batik Tişört Yap
- **79** Balondan Kuğu Yap
- **80** Kendi Kendini Kandır
- **81** Sakız Kâğıdından Bileklik Yap
- **82** A4 Kâğıdın İçinden Geç
- **83** Kâğıt Bardaktan Hoparlör Yap
- **84** Dev Balonlar Yap
- **85** Fosforlu bir Bulamaç Yap
- **86** Hayalet Avına Çık
- **87** Blok Baskı Yap
- **88** Yalan Makinesi Ol
- **89** Yağış Miktarını Ölç
- **90** Bir Aile Arması Tasarla
- **91** Parmağının Ucunda Basket Topu Çevir
- **92** Atıklardan Kuş Evi Yap
- **93** Müthiş bir Sığınak Yap
- **94** Bir Daha Asla Sıkılma
- **95** Limonata Yap
- **96** Fizik Kurallarıyla Oyna
- **97** Origami Sanatında Ustalaş
- **98** Su Balonlarıyla Voleybol Oyna
- **99** Kendi Bumerangını Kendin Yap
- **100** Çin Takvimine göre Burcunu Bul
- **101** Kâğıt Hamurundan Kâse Yap

1 NAYLON POŞETTEN PARAŞÜT YAP

Bu da ne? Kuş mu? Yoksa uçak mı? Yoksa… naylon poşet mi? Oyuncaklarını bu harika paraşütle uçurmaya ne dersin?

MALZEMELER:
- Naylon poşet
- Makas
- İğne ve her biri yaklaşık 50 cm uzunluğunda 4 parça ip
- Maskeleme bandı
- 4 ataş
- Ağırlık yapacak ufak bir nesne (ufak bir aksiyon figürü harika olur)
- Paket lastiği

1 Naylon poşetten büyük bir kare kesip dört köşesine bant yapıştır. Toplam 8 parça kullanarak her iki yüzü için de bunu yap.

2 İğne ipliğini poşetin bir köşesinden geçirip sağlamca bağla. İpin diğer ucuna bir ataş geçir. Bu işlemi dört köşe için de tekrarla.

3 Aksiyon figürün için bir emniyet kemeri yap. Lastik bandı resimde gördüğün gibi figüre geçirip ataşlarına tak.

4 Paraşütünü fırlatmak için yüksek ama güvenli bir yer bul. Sonra da aksiyon figürünün yere süzülüşünü izle.

BİTTİ! TAMAMLANDIĞI TARİH:

ZAMAN KAPSÜLÜ YAP | 2

Zaman kapsülü yapmak harika bir hazine sandığı hazırlamaya benzer. İçine konan nesneler kapatılıp gelecekte yeniden keşfedilmek üzere bırakılır!

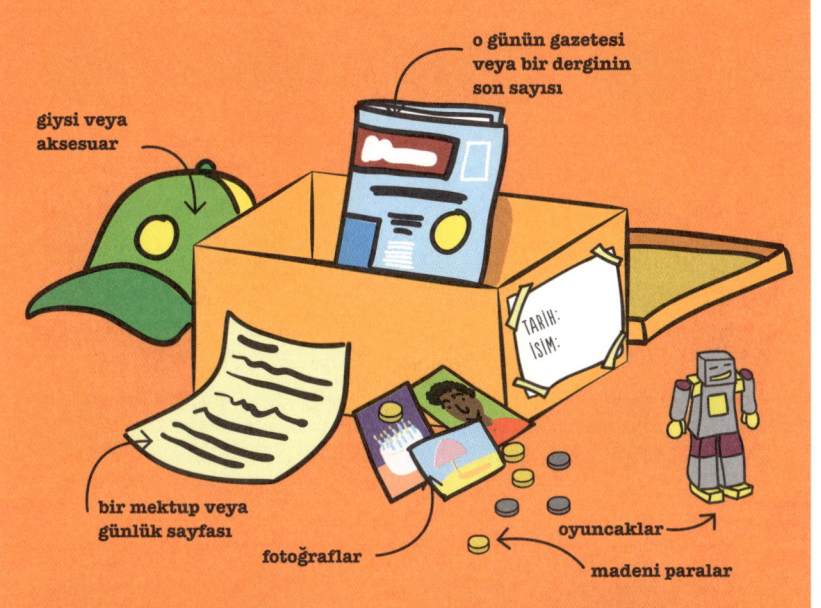

- giysi veya aksesuar
- o günün gazetesi veya bir derginin son sayısı
- bir mektup veya günlük sayfası
- fotoğraflar
- oyuncaklar
- madeni paralar

KAPSÜL

Kapsülünü herhangi bir kutunun içine yapabilirsin. Kutunun üzerine ismini ve tarihi okunur bir biçimde yazdıktan sonra içini bugüne ait ilginç nesnelerle doldur. Sonra kapağını iyice kapatıp güvenli bir yere sakla. Örneğin, tavan arasına! Eğer dışarıya gömeceksen, kutuyu naylonla kaplamayı unutma.

İPUCU

Kutunun içine asla bozulabilir şeyler (örneğin, yiyecek) koyma. Bunlar hem küflenir hem de hayvanları çeker.

BİTTİ! TAMAMLANDIĞI TARİH: ....

3 JONGLÖRLÜK YAP

Havada top çevirmek arkadaşlarına hava atmanın en güzel yoludur. Birazcık konsantrasyon, pratik ve ritimle, partilerin gözdesi olabilirsin!

ÖNCE GÜVENLİK!

Jonglörlüğün en önemli kuralı, güvenlik. Yani, havada meşale çevirmeyi AKLINDAN bile geçirme! İşe ufak toplarla başla. Doğru nesneleri seçtiğin ve doğru tekniği kullandığın takdirde topları atıp tutmaya başlaman ve müthiş sükse yapman an meselesi!

1 Ufak bir top al. Onu, iki elinin arasında havada bir yarım daire çizecek şekilde atıp tutmaya başla. Topu atış yüksekliğin, gözlerinle aynı seviyede olsun.

BİLMEKTE YARAR VAR!

Ellerinden bir tanesi "baskın el"dir. Yani, bir şeyleri atıp tutarken çoğunlukla o eli kullanırsın. Bu el, genellikle yazı yazarken kullandığın eldir.

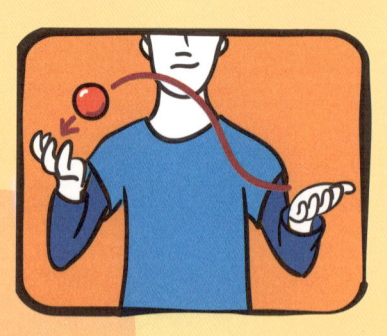

2 Topu bir elinden diğerine, yakalamak için uzanmadan atıp tut. Böyle böyle güzel bir ritim tuttur.

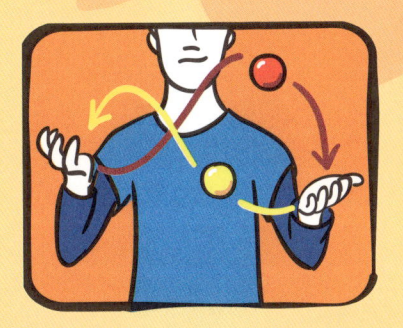

3 Şimdi iki top birden atmayı dene. İlk top düşerken ikinciyi at ve ikisini birden yakala.

4 Şimdi üçüncü topu da eline al. Baskın elinde iki top olsun.

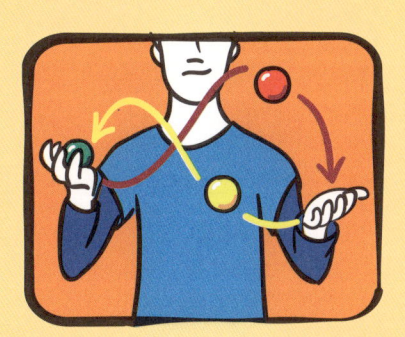

5 İlk iki topu önceki gibi atarken, üçüncü topu baskın elinde tut.

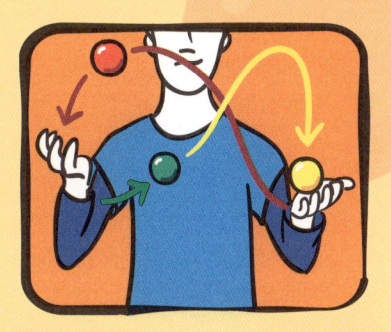

6 İkinci top en tepedeyken üçüncü topu da at ve bunu durmadan tekrarla.

NEDEN OLMASIN?
Toplardan birinin yerine elma kullan. Topları atıp tutarken, elmadan da bir ısırık almaya çalış!

BİTTİ! TAMAMLANDIĞI TARİH:

4. BEŞ FARKLI DİLDE ONA KADAR SAY

Dünyada binlerce farklı dil konuşuluyor. Beş farklı dilde ona kadar sayarak arkadaşlarını etkileyebilirsin!

Dilbilimcilere (dilleri inceleyen kişilere) göre dünyada 6.909 farklı dil konuşuluyor. Üff! Aşağıdaki tabloda yer alan sayıları incele. (Telaffuzları parantez içinde yazıyor.) Dil becerilerinle ailenin ve öğretmenlerinin gözünü boya!

	1	2	3	4	5	6	7	8	9	10
İngilizce	One (van)	Two (tuu)	Three (thri)	Four (for)	Five (fayv)	Six (siks)	Seven (sevın)	Eight (eyt)	Nine (nayn)	Ten (ten)
Fransızca	Un (ön)	Deux (dö)	Trois (trua)	Quatre (katr)	Cinque (senk)	Six (sis)	Sept (set)	Huit (üit)	Neuf (nöf)	Dix (diz)
Mandarin (Çince)	Yi (iğ)	Er (ör)	San (saan)	Si (sı)	Wu (uu)	Liu (lio)	Qi (çii)	Ba (baa)	Jiu (gio)	Shi (şığ)
İspanyolca	Uno (uno)	Dos (dos)	Tres (tres)	Cuatro (kuatro)	Cinco (sinko)	Seis (seys)	Siete (siete)	Ocho (oço)	Nueve (nueve)	Diez (diez)
Rusça	Odin (adin)	Dva (dva)	Tri (tri)	Chetyre (çıttii-rie)	Pyat' (pyat)	Shyest' (şeyst)	Syem (siem)	Voysyem (vosiem)	Dyevyet (dievet)	Dyeset (diyeset)

BİTTİ! TAMAMLANDIĞI TARİH: ....

SAATE BAKMADAN SAATİ SÖYLE — 5

Güneş saatleri, zamanın ilerleyişini sayıların üzerine gölge düşürerek gösteren saatlerdir. Ne müthiş!

MALZEMELER:
- Kapaklı karton bardak ve pipet
- Kol veya duvar saati
- Sabit kalem (CD kalemi)
- Kurşunkalem
- Yapışkan bant
- Ufak çakıltaşları (bardağın yarısını dolduracak kadar)
- Pusula (12 numaralı etkinliğe bak.)

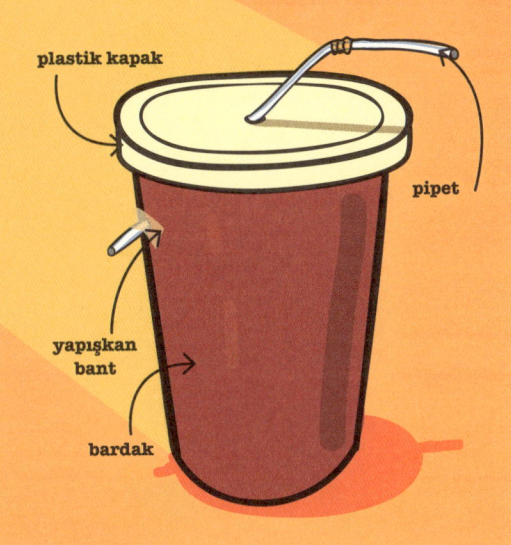

Etiketler: plastik kapak, pipet, yapışkan bant, bardak

1 Bardağın yan tarafına, ağzının yaklaşık 5 cm altına kurşunkalemle delik aç. Bardağın devrilmemesi için içine çakıltaşlarını doldur. Bardağın kapağını kapat.

2 Pipetin bir ucunu kapaktaki delikten sokup bardağın yanına açtığın delikten çıkar. Yaklaşık 2 cm dışarı çıktıktan sonra pipeti yapışkan bantla bardağa yapıştır.

3 Güneş alan bir yere gidip bardağı düz bir yüzeye koy. Pusulayla kuzeyi bulup pipeti o yöne çevir. Güneşin tam pipetin üzerine gelmesi gerekiyor!

4 Sabah saat 10'da pipetin gölgesinin kapağın neresine düştüğünü işaretle. Bunu öğleden sonra 3'e kadar saat başı tekrarla. Ertesi gün, saate ihtiyaç duymadan saati söyleyebileceksin!

BİTTİ! TAMAMLANDIĞI TARİH:

6 DÜĞÜM DÜĞÜM OL (KISMEN DE OLSA)

Düğümler hakkında bilmen gereken şey şu: HER taşın altından çıkarlar. Gündelik hayatımızda onları bir ton şey için kullanırız. O nedenle düğüm atmayı öğrenmek çok önemli. İşte sana denemen için üç kolay ve faydalı düğüm.

CAMADAN BAĞI

Bu düğüm, iki ipi birbirine bağlamak için kullanılır.

1 İki ipi üst üste ser. Uçlarını birbirlerinin altından geçirip yukarı çek.

2 Uçları içe doğru çevir. Sağ ucu sol ucun üzerinden geçirip arkasından indir ve oluşan halkanın içinden geçir.

3 Düğümü sıkılaştır. Bu düğümü hatırlamak için "sol sağın üzerinden, sağ solun üzerinden" diyebilirsin.

İZBARÇO

İzbarço düğümü, bir ipin ucuna sabit bir halka yapmak için kullanılır. Eskiden dağcılar bellerine ip bağlamak için bu düğümü atarlardı.

1 İpin kullanacağın (alt) kısmını üst (bağlı olan) kısmın üzerinden geçirerek halka yap.

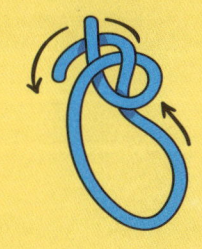

2 Alt kısmı arkadan, halkanın içinden geçirip üst kısmın arkasından dolaştır.

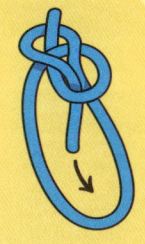

3 Alt kısmı yeniden halkadan geçirip sıkılaştır. Bunu yelkencilere şöyle öğretirler: Tavşan delikten çıkar, ağacın etrafından dolaşır ve tekrar deliğe girer.

KAZIK BAĞI

Bu düğümü, örneğin bir tırabzana ip bağlamak için kullanabilirsin.

1 İpin bir ucunu tırabzanın ya da direğin etrafına sar.

2 İpin tepeye bakan ucunu bir kez daha sararak ucunu sarılı kısmın altından geçir.

3 İyice sıkılaştır. İpin iki ucu, oluşan çarpının altında, ters yöne bakar şekilde durmalı.

BİTTİ! TAMAMLANDIĞI TARİH:

7 ŞİŞEDE MESAJ GÖNDER

Bir mesaj yazıp şişeye koysan, sonra da şişeyi denize fırlatsan nasıl olurdu? Ne kadar uzağa giderdi? Onu kim bulurdu? Bu soruların yanıtını bulmanın tam sırası!

1 Orta boy bir şişe bul. İçine su girmemesi için sağlam kapaklı bir şişe seç.

2 Notunu yazmak için ince bir karton, bir de keçeli kalem al.

3 Mesajını yaz. Bir büyüğünün e-posta adresini de mesajına yaz ki şişeyi bulan kişi sana ulaşabilsin!

4 Şişeni denize atarken dalgaların çekildiği bir anı kolla; yoksa şişen aynen geri gelir. Haydi yolu açık olsun!

BİTTİ! TAMAMLANDIĞI TARİH: ....

KARTOPU SALDIRISI DÜZENLE

8

Kartoplarını saklamak için buzdan bir duvar ör. Sonra da gerçek bir kış savaşına hazırlan.

DUVAR İÇİN:

Dikdörtgen bir kabın (mesela bir dondurma kutusunun) içini karla doldurup ters çevirerek "kardan tuğla" yap. Daha süslü olsun istersen, tuğlalarını gıda boyasıyla karıştırılmış kardan yapabilirsin.

KARTOPLARI İÇİN:

- İyi bir kar bul. Kar çok ıslak olmamalı; yoksa kartopu değil, "su topun" olur.

- Kartoplarını yaparken araya çalı çırpı, taş ya da buz karıştırmamaya dikkat et. Genellikle en iyi kar, evlerin hemen önündeki, ısıdan hafif erimiş kardır.

- Uyarı: Soğuk cildini yakabilir! Kartoplarını yaparken kalın eldivenler giy. Sakın çıplak elle yapma.

- İşte! Buzdan duvarın, cephaneni saklamak için harika bir yer. İdeal bir kartopu saldırısında, arka arkaya 2-3 kartopu birden fırlatılır. Pat! Düşmanın ne olup bittiğini anlayamayacak bile.

BİLİYOR MUSUN?

2013'ün Ocak ayında, ABD'nin Seattle kentinde 5.800 kişinin katıldığı bir kartopu savaşı yapıldı.

BİTTİ! TAMAMLANDIĞI TARİH:

9 MÜKEMMEL BİR PİZZA YAP

Pizza yemek zaten güzel. Bir de en sevdiğin malzemelerden yapılmışsa daha da güzel. O zaman neden kendi pizzanı kendi ellerinle yapmayasın?

MALZEMELER:

- Fırın
- Pizza hamuru
- Domates sosu
- Zeytinyağı
- Peynir (mozarella olursa daha iyi)
- En sevdiğin malzemeler! Biberden soğana, tonbalığından sosise ya da brokoliye, aklına ne gelirse...

ÖNCE GÜVENLİK

Pizzayı fırına koyarken ve fırından çıkarırken bir büyüğünden yardım iste.

1 Pizzanı çok hızlı yapmak istiyorsan, mahalle fırınından hazır ekmek hamuru al. Önceden fırını ısıt.

2 Hamuru bir tepsinin ya da pişirme kâğıdının üzerine yerleştir. (Ama yerleştireceğin yüzeye önce biraz zeytinyağı sür.)

3 Hamurun üzerine sosu (ki bunu rendelenmiş domates ve biraz fesleğenle yapabilirsin) yay ve üzerine mozarella ya da çedar peyniri serp.

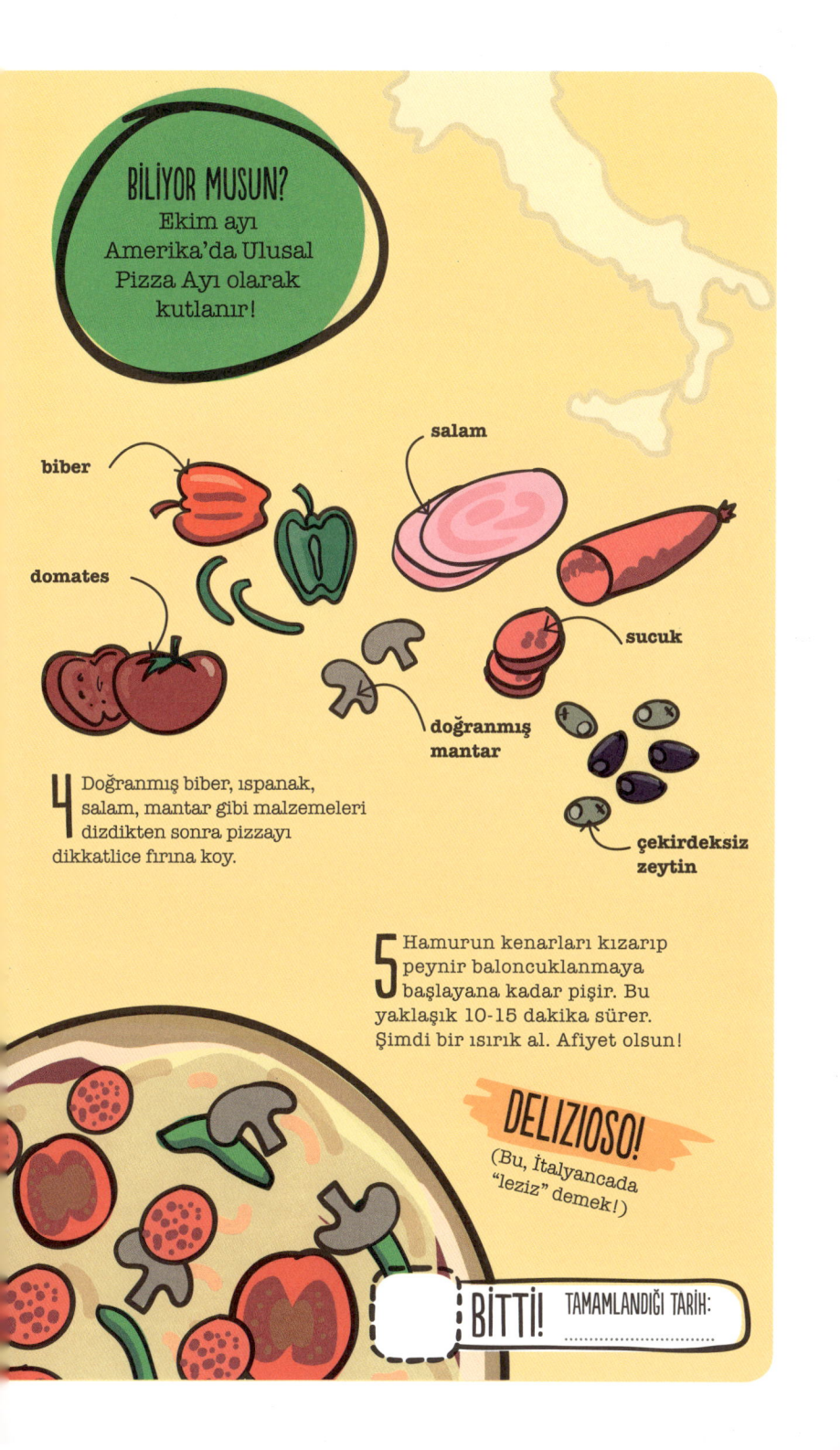

> **BİLİYOR MUSUN?**
> Ekim ayı Amerika'da Ulusal Pizza Ayı olarak kutlanır!

biber

salam

domates

sucuk

doğranmış mantar

çekirdeksiz zeytin

4 Doğranmış biber, ıspanak, salam, mantar gibi malzemeleri dizdikten sonra pizzayı dikkatlice fırına koy.

5 Hamurun kenarları kızarıp peynir baloncuklanmaya başlayana kadar pişir. Bu yaklaşık 10-15 dakika sürer. Şimdi bir ısırık al. Afiyet olsun!

DELIZIOSO!
(Bu, İtalyancada "leziz" demek!)

BİTTİ! TAMAMLANDIĞI TARİH:
....

10 GİZLİ BİR TOKALAŞMA BUL

Şşşt, baksana! İki arkadaşın birbirine merhaba demesinin en havalı yolu ne sence? Elbette, çakışmalı ve şaklatmalı bir dolu fiyakalı hareketten oluşan gizli bir tokalaşma!

VUU-HUU!

1.
2.
3.

1 Tokalaşmayı oluşturacak beş altı hareket belirleyin. Arkadaşlarınla beraber alttaki listeden beğendiklerinizi seçin.

2 Gizli tokalaşmalar, bütün duyulara seslenmelidir. Değişik ünlemler, ıslıklar, dil şaklatmalar ve çığlıklar da ekleyebilirsiniz.

3 Tokalaşmanın adımlarını belirleyin. Hiç kimsede olmayan, beraber kararlaştırdığınız bir hareket de eklemeyi unutmayın.

BUNLARI DENESENE...

- Yumruk çarpıştırma
- Elleri kenetleme
- Serçe parmakları birbirine geçirme
- Parmak uçlarını değdirme
- Omuz çarpıştırma
- Parmaklar havaya
- Tek elle çakışma (yukarıda ve aşağıda)
- Çift elle çakışma
- Sarılma
- Kalça vurma
- Avuç sürtme
- Parmakları kenetleyip çekme

UNUTMA

Pratik, pratik, PRATİK! Tokalaşman beş ya da daha çok hareketten oluşuyor olabilir. Önemli olan bunları zahmetsizce yapıyormuş gibi görünmek.

BİTTİ! TAMAMLANDIĞI TARİH:

OTOPORTRENİ ÇİZ 11

Sanatçının kendi portresini çizmesine otoportre denir. Aynaya bak, kalemini kâğıdını al ve otoportreni çizmeye başla!

1 Portrene başlarken, önce yüzünün hatlarını belirle. Elin aşağı yukarı yüzünle aynı boyuttadır. Elini kâğıdın üzerine koy.

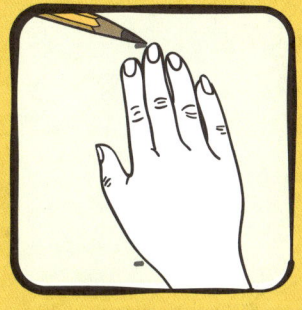

2 Ortaparmağının ve avcunun bittiği yere birer nokta koy. Bu noktaları bir oval çizerek birleştir.

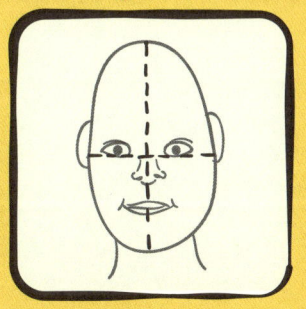

3 Bu ovalin içine kesik çizgilerle bir artı çiz. Gözler, yatay çizginin üzerine; burun, tam ortasına; ağız ise altına gelsin.

4 Kaş, kulak ve saç gibi ayrıntıları ekle. Sonra kesik çizgileri sil. İşte karşında otoportren!

BİTTİ! TAMAMLANDIĞI TARİH:

12 KENDİ PUSULANI YAP

Pusula, yön bulmaya yarayan bir araçtır. Üzerinde, dünyanın manyetizmine tepki vererek hep KUZEY'i gösteren mıknatıslı bir iğne bulunur.

MALZEMELER:

- Düzleştirilmiş ataş (pusulanın iğnesi olacak)
- Mıknatıs (artı ve eksi kutbu olan, düz, dikdörtgen biçimli bir mıknatıs)
- Pense
- Şişe mantarı
- Yarısına kadar su dolu ufak bir kâse

1 Ataşı mıknatısa yaklaşık 20 kez aynı yönde sürterek manyetize et.

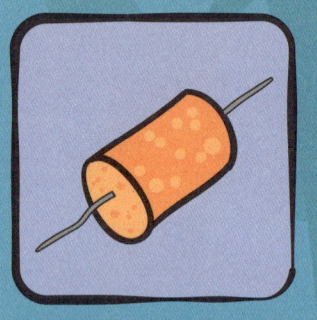

2 Pense yardımıyla iğneyi mantarın içinden geçir. İğne, mantarın iki ucundan eşit miktarda çıksın.

3 Mantarla iğneyi suyun içine bırak. İğnenin öğle vakti güneşe dönen ucu, Kuzey yarımküredeysen güneyi, Güney yarımküredeysen kuzeyi gösterir.

BİTTİ! TAMAMLANDIĞI TARİH:

BİR KORKU ÖYKÜSÜ YAZ {13}

Okulda kompozisyon yazmayı öğrendin. Günlük yazmak da çocuk oyuncağı. Peki korku öyküsü yazarlığı hakkında ne biliyorsun? İşte yazacağın öykünün dudak uçuklatmasını sağlayacak dört ipucu.

Önce kendi ödünü kopar. Korkularınla yüzleş. Senin dizlerini nasıl bir öykü titretirdi? En korkunç kâbuslarında neler görürsün? İşte BUNLARI yaz.

Ne?
İşe "ne olurdu" sorusunu sormakla başla. Hava karardıktan sonra kapıda kalsan ne olurdu? Ormanda bir canavarla karşılaşsan ne olurdu? En iyi arkadaşın vampir çıksa ne olurdu?

Nerede?
Bir mekân seç ve bir dolu ürkütücü ayrıntı ekle: Sis, tuhaf sesler, karanlık ve daha neler neler... Mesela hava öyle soğuk olsun ki nefes aldıkça ağzından buharlar çıksın. Brrr!

Kim?
Baş karakterin nasıl biri olacağına karar ver. Erkek mi, kız mı? Neden bu korkunç senaryonun ortasına düşmüş? Kötü karakterini oluştur. Dış görünüşü nasıl? Nasıl davranıyor? Kötü karakterle kahramanın arasında geçecek üç tehlikeli sahne düşün.

Nasıl?
Okuyucularını korkutmak için "ürkütücü", "tüyler ürpertici" ve "tekinsiz" gibi sözcükler kullan. Ayrıntıları betimlemekten kaçınma. İşin en önemli kısmının gerilim yaratmak olduğunu unutma! Okuyucuya kötü şeyler olacağını hissettir ve oturup bunları yaz... yavaş yavaş.

BİTTİ! TAMAMLANDIĞI TARİH: ....

14 YILDIZ SEYRİNE ÇIK

Takımyıldızlar, gökyüzündeki yıldız kümeleridir. En az 88 farklı takımyıldız vardır ve bunların her biri farklı bir mitolojik hayvanın veya karakterin ismini taşır.

NEREDESİN?

En büyük takımyıldızın adı Orion'dur. Avcı Takımyıldızı olarak da bilinir. Onu nasıl mı bulacaksın? Gece dışarı çık ve Kuzey yarımküredeysen güneybatıya, Güney yarımküredeysen kuzeybatıya doğru bak. Ekvatora yakın yaşıyorsan, batıya bakacaksın.

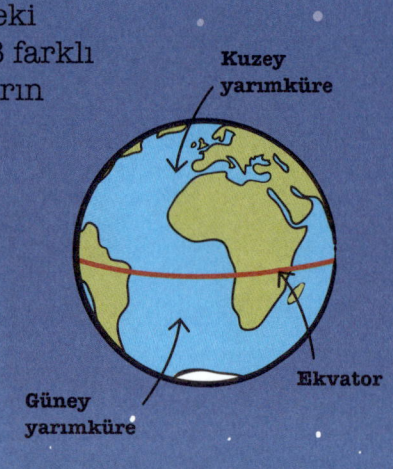

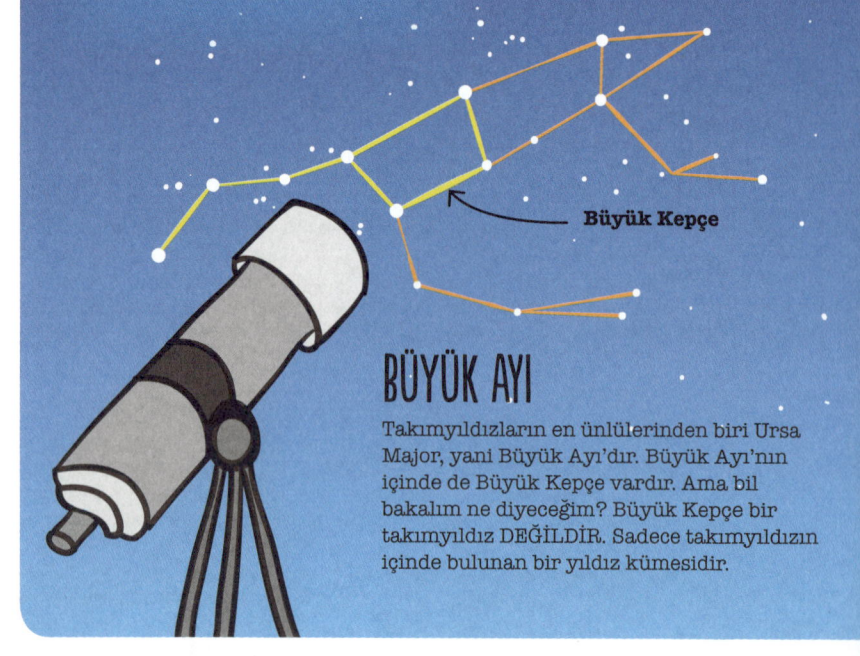

Kuzey yarımküre
Güney yarımküre
Ekvator

Büyük Kepçe

BÜYÜK AYI

Takımyıldızların en ünlülerinden biri Ursa Major, yani Büyük Ayı'dır. Büyük Ayı'nın içinde de Büyük Kepçe vardır. Ama bil bakalım ne diyeceğim? Büyük Kepçe bir takımyıldız DEĞİLDİR. Sadece takımyıldızın içinde bulunan bir yıldız kümesidir.

AVCI

Burada gösterilen takımyıldızı gökyüzünde ara. (Güney yarımküredeysen, bu sayfayı baş aşağı tut.) İlk göze çarpan, düz bir çizgi üzerindeki üç parlak yıldız olacaktır. Bunlar, Orion kuşağını oluşturan yıldızlardır. Bunların üzerindeki iki parlak yıldız, Avcı'nın omuzları, alttakiler ise dizleridir.

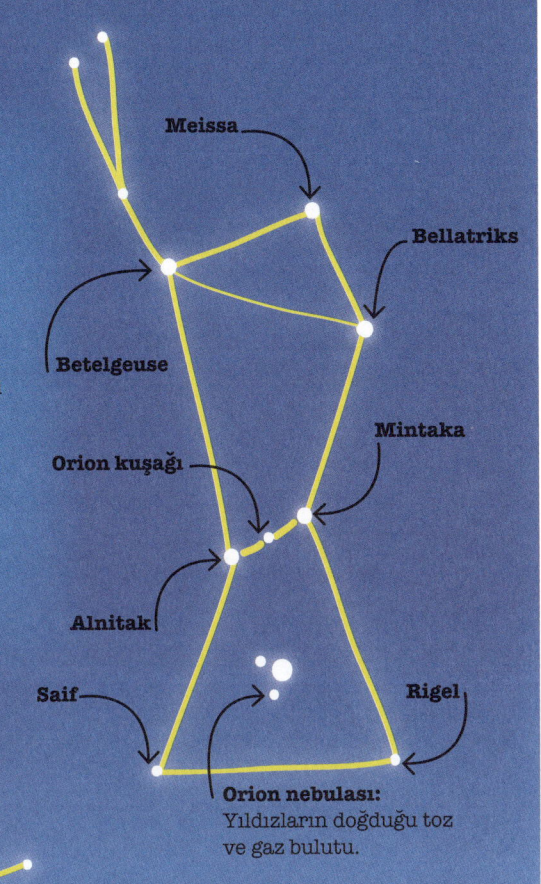

Meissa
Bellatriks
Betelgeuse
Mintaka
Orion kuşağı
Alnitak
Saif
Rigel

Orion nebulası: Yıldızların doğduğu toz ve gaz bulutu.

CANIS MINOR

CANIS MAJOR

Avcı'nın yakınında, Canis Major (Büyük Köpek Takımyıldızı) ve Canis Minor (Küçük Köpek Takımyıldızı) adındaki iki av köpeğini de görebilirsin.

NEDEN OLMASIN?
Bulunduğun yerdeki meteor yağmurlarının ne zaman olduğunu öğren ve kayan yıldızları görmeye çalış!

BİTTİ! TAMAMLANDIĞI TARİH:

15 — EFSANE AVCISI OL

Söylentilere bir son ver. Batıl inançları bir kenara bırak. Popüler hurafeleri avlamanın tam zamanı!

Yıldırım ASLA aynı yere iki kez düşmez.

Pek olası görünmese de, aynı noktaya birkaç kez yıldırım düşebilir. New York City'deki Empire State Binası'na her yıl 100'den fazla yıldırım düşer!

Kurbağalara dokunursan SİĞİL bulaşır.

Kurbağaları rahat bırak. Derileri pürüzlü diye dokunur dokunmaz vücudun siğillerle kaplanacak değil. O pürüzler kamuflaj için!

Boğalar KIRMIZI görünce sinirlenir.

Boğa güreşçileri, boğanın dikkatini çekmek için ellerinde kırmızı bir pelerin tutar. İster inan ister inanma, boğa için önemli olan pelerinin rengi değil, kumaşın hareketidir. Aslını istersen, boğalar renk körüdür; dolayısıyla renkleri senin benim gibi görmezler.

Yuttuğun sakızı sindirmen YEDİ YIL sürer.

Çiğneyip yuttuğumuz yiyecekler, sindirim sistemimizdeki enzimler yardımıyla parçalanır. İş sakıza gelince bir sorunla karşılaşılır: Sakızın temel maddesi, çiğnendiğinde parçalanmamak üzere tasarlanmıştır. Yutarsan, sindirmen biraz uzun sürebilir; ama yedi yıl değil!

BİTTİ! TAMAMLANDIĞI TARİH:

SİHİR YAP 16

Hey Mandrake! Arkadaşlarını ve aileni etkilemenin en kestirme yolu, birkaç sihirbazlık numarası yapmaktan geçer. Bir sonraki partide aşağıdaki numarayı denemelisin.

YÜZEN KETÇAP

Gösteriye başlamadan önce plastik bir şişeyi temizleyip neredeyse ağzına kadar suyla doldur.

1 İzleyicilerine bir ketçap paketine istediğini yaptıracağını söyledikten sonra şişeyi aç, paketi içine at ve kapağı kapa.

2 Bir elinle şişeyi, ketçap paketini kapatmayacak şekilde tut. Diğer elinle paketi işaret ederek komutlar ver: "Ketçap yukarı! Ketçap aşağı!"

3 İşin sırrı şurada: Pakete hareket etmesini söylerken şişeyi hafifçe sıkacaksın. Paket, suyun basıncıyla yükselip alçalacak. Hatta senin komutunla durabilir bile!

BİTTİ! TAMAMLANDIĞI TARİH:

17 KORKUNÇ SİYAH ÇİÇEKLER YAP

Bu çiçekler tam Cadılar Bayramı'na layık... Üstelik yapmak da çok kolay.

MALZEMELER:
- Beyaz çiçekler (karanfil veya gül olabilir)
- Makas
- Vazo
- Siyah gıda boyası

1. Çiçekleri alıp dikkatlice saplarının ucunu kes.

2. Vazonun 2/3'ünü suyla doldurup 4-5 damla gıda boyası ekle. Aslında istediğin rengi kullanabilirsin. Ama Cadılar Bayramı için siyah en iyisi!

3 Çiçeklerini vazoya koyup birkaç saat (ya da ertesi sabaha kadar) bekle. Çiçekler siyah suyu çektikçe kapkara olacak. Korkunç!

NEDEN OLMASIN?

Anneler gününde çiçek almayı mı unuttun? Aynı tekniği kullanarak kereviz saplarını boyayabilirsin. Sadece siyah yerine pembe gıda boyası kullan!

ÇOK RENKLİ ÇİÇEKLER

Tekniği iyice kaptıktan sonra iki renkli çiçekler yapmayı deneyebilirsin. Makasınla çiçeğin sapını diklemesine ikiye ayır ve bir yarısını başka, diğer yarısını başka renkli suya koy. Çiçek her iki rengi de ayrı ayrı çekecek!

BİTTİ! TAMAMLANDIĞI TARİH:

18 KELEBEK YETİŞTİR

Kelebekler yumurtadan çıkıp yetişkin olana kadar, metamorfoz adı verilen inanılmaz bir dönüşüm geçirirler. Eğer şanslıysan buna tanık olabilirsin!

file

1 Tırtılın için bir yuva yap. Saydam bir kutunun üzerini fileyle (üzerinde minik delikler olan bir kumaşla) kapat. Bu sayede tırtılın tutunacak bir yeri olur.

2 Bir tırtıl bul ve onu bir dalla al. Tırtılı aldığın ağaçtan birkaç tane de yaprak al. Karnını doyurmak için bunlara ihtiyacı olacak!

koza

3 Tırtılı, yaprakları ve dalı kutuna koy. Kutuyu dışarıda korunaklı bir yere çıkar. Yaklaşık altı hafta sonra bir koza, bundan kısa süre sonra da bir kelebekle karşılaşacaksın.

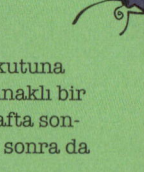

BİTTİ! TAMAMLANDIĞI TARİH: ....

UNUTMA
Gelişimini tamamlayınca kelebeği serbest bırak!

GÖLGE OYUNU OYNA 19

Sadece ellerini, parmaklarını ve iyi bir aydınlatma düzenini kullanarak bütün bir hayvanat bahçesini duvarında canlandırabilirsin.

GÖSTERİ ZAMANI!

Boş bir duvara bir fener tut. Gölge oyununun en eğlenceli tarafı deneme kısmıdır! Farklı hayvanlar yapmayı dene ve içlerinden en iyilerini seç.

keçi

timsah

tavşan

deve

kuş

NEDEN OLMASIN?
Ailen ve arkadaşlarının için bir gölge oyunu gösterisi hazırla!

BİTTİ! TAMAMLANDIĞI TARİH:

20 BANT KARİKATÜR ÇİZ

Bant karikatürler komik ya da düşündürücü olabileceği gibi maceralarla dolu da olabilir! İşte bant karikatür çizerken sana yardımcı olacak birkaç ipucu.

1 Bant karikatürünü nasıl bir tarzla yazıp resimleyeceğine karar ver. Mesela ayrıntılara çok meraklı olmayabilirsin. Hiç sorun değil! O zaman çöp adamlar çizip zekice konuşma balonları yaz ya da saçma sapan bir çizim yap.

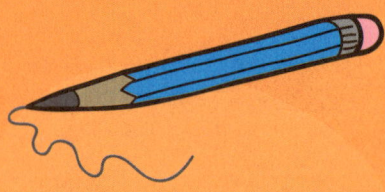

2 Fikirlerini önce kurşunkalemle kâğıda aktar. Böylece çizim ilerledikçe değişiklikler yapabilirsin.

3 İlginç karakterler yarat. Onlara birer isim ver. Tuhaf gözlükler, kocaman saçlar ve korkunç dişler gibi basit ve ayırt edici özellikleri olsun. En iyi ve en kötü huyları ne? Komik bant karikatürler vurucu bir cümleyle biter. Macera karikatürleriyse heyecanlı bir sonla bitebilir!

4 Şakayı ya da hikâyeyi mümkün olduğunca çizimlerle anlat. Konuşma balonlarındaki metinleri kısa tut.

NE?

OLAMAZ!

EVET!

HAYIR!

HMMMMM

YÜZ OKUMAK

Biraz duygularını göster!
İşte belli başlı yüz ifadelerini çizmenin sırları:

Öfke
Çatık kaşlar, kısık gözler ve kırmızı bir surat.

Mutluluk
Bir gülümseme ve kocaman gözler.

Üzüntü
Çatık kaşlar ve küçük gözler.

Şaşkınlık
Açık bir ağız, kocaman gözler, belki bir de alın çizgileri.

Haylazlık
Bir sırıtış, kısık gözler ve kalkık bir kaş.

BİTTİ! TAMAMLANDIĞI TARİH:

21 — İKİ DOĞAL ENSTRÜMAN YAP

En iyi müzik, doğanın yaptığıdır. Örneğin, kuşların cıvıldaması ya da böceklerin ötmesi. Doğaya geri dönmek için bu iki enstrümanı yapabilirsin!

MALZEMELER:

- Karton rulo
- Boya ya da renkli keçeli kalemler
- Yapışkan bant
- Kâğıt
- Plastik ya da ahşap kürdan
- Makas
- Bir avuç kuru fasulye

YAĞMUR ÇUBUĞU

Yağmur çubuğu, Güney Amerika'ya özgü bir müzik enstrümanıdır. Genellikle kaktüslerin iskeletlerinden yapılır. Senin yapacağın yağmur çubuğu bundan biraz daha farklı olacak, ama aynı etkiyi yaratacak.

1 Bir karton rulo (kâğıt havlu rulosu ya da hediye kâğıdı rulosu olabilir) alıp dışını boya, keçeli kalemler vb. ile süsle. Bir ucunu daire şeklinde bir kâğıtla kapla.

2 Rulonun içine plastik veya ahşap kürdanları bir spiral çizecek şekilde saplayarak yukarı kadar çık. Aşağıdaki resimdeki gibi bir görüntü elde edeceksin. Kürdanların uçlarını yapışkan bantla tuttur.

karton rulo

kürdan

3 Rulonun içine bir avuç kuru fasulye attıktan sonra diğer ucunu da daire şeklinde bir kâğıtla kapat. Ruloyu yavaşça ileri geri hareket ettirdiğinde yağmurun sesini duyacaksın.

kuru fasulye

ÇİMENDEN BORAZAN

Sadece bir parça çimen ve ellerini kullanarak arkadaşlarını, nasıl desem... zevkten DÖRT KÖŞE etmek için komik ve tiz bir ses çıkar.

1 Büyükçe bir çimen bul. Sol elini gevşekçe yumruk yap. Başparmağın sana baksın. Sonra sağ elini sol elinin yanına getir. Çimen, iki başparmağının arasında kalsın.

2 Çimeni başparmaklarının arasındaki boşluğa gergin bir biçimde yerleştir. Sonra bu boşluğa dudaklarını daya.

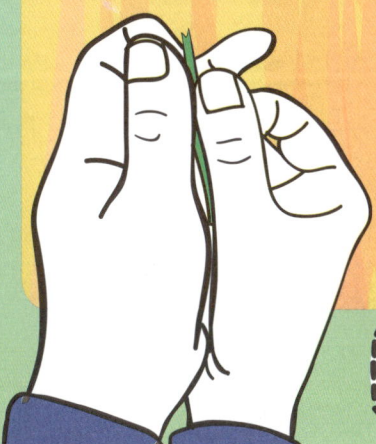

3 Dudaklarını sanki mum üfleyecekmiş gibi büz ve boşluğa kuvvetlice üfle. Eğer doğru şekilde yaptıysan çimenden yüksek ve tiz bir ses çıktığını duyacaksın.

BİTTİ! TAMAMLANDIĞI TARİH:

22 KENDİ SÜPER KAHRAMANINI YARAT

Bir sonraki çizgi romanında veya kıyafet balosunda kendi süper kahramanını kullan. Her süper kahramanın ihtiyacı olan beş şey vardır:

1 Motivasyon! Eğer ortada bir çatışma olmazsa süper kahraman da olmaz. Senin süper kahramanını, kostümünü giyip kötülüklerle savaşmaya iten şey ne?

4 Kötü adam! Savaşlar başlatacak ve dünyayı ele geçirmek için gizlice saldıracak birisi.

İMDAT!

2 Bir -ya da iki- kimlik! Kahramanına becerilerini ve gücünü yansıtan bir isim ver. Sonra bir de gündelik hayatında kullanacağı kimliği düşün!

5 Trajik bir kusur ve kimsede olmayan bir özellik! Bu kusur, kahramanın tek zayıf noktası olmalı. O eşsiz özellikse, kahramanın sık sık söylediği bir şey olabilir.

"GEZEGEN... KURTARILDI!"

3 Bu kimliğe uygun bir kostüm. Bir kask, boynuz ya da koca bir maske mi? Pelerin mi? Acayip havalı bir simge mi?

NEDEN OLMASIN?
Yeni karakterini kullanarak bir bant karikatür çiz. Fikir almak istersen 20 numaralı etkinliğe bak!

BİTTİ! TAMAMLANDIĞI TARİH: ....

NOTA OKUMAYI ÖĞREN 23

Nota okumak, yabancı bir dili okumaya benzer. İşte notaları ve hangi hızda çalındıklarını okumana yardımcı olacak birkaç temel ipucu.

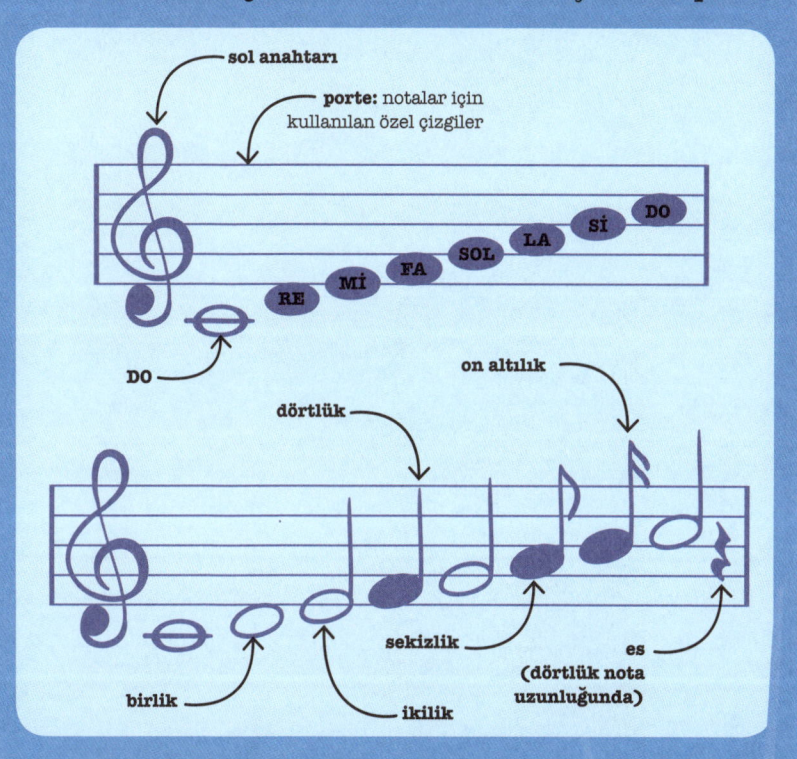

sol anahtarı

porte: notalar için kullanılan özel çizgiler

DO – RE – Mİ – FA – SOL – LA – Sİ – DO

on altılık

dörtlük

sekizlik

es (dörtlük nota uzunluğunda)

birlik

ikilik

NEDEN OLMASIN?
Blok flüt ya da piyano gibi bir enstrümanda basit bir şarkı çalmayı öğren.

BİTTİ! TAMAMLANDIĞI TARİH:

24 KRİSTAL ŞEKER YAP

Yenebilir bir deneyden daha güzel bir şey olabilir mi? Bu deneyi çok tatlı bulacaksın!

MALZEMELER:
- 400 ml. su
- 800 gr şeker
- Kurşunkalem
- İp
- Gıda boyası
- Limon suyu
- Cam kavanoz

1 Kurşunkalemin ortasına bir ip bağla.

2 Kalem, kavanozun tepesine konduğunda ip, kavanozun dibine tam değmeyecek uzunlukta olmalı.

3 Bir büyükten yardım alarak suyu kaynat ve içine 100 gr şeker ekle.

4 Karışım köpüklenmeye başladıktan sonra şekerin geri kalanını da azar azar ekle. Hepsi bitince tencereyi ocaktan al.

5 Karışıma birkaç damla gıda boyası ve lezzetlendirmek için biraz limon suyu ekle. Sonra kavanozu ağzına kadar bu sıvıyla doldur. Kurşunkalemi kavanozun üzerine yatırıp ipi sıvının içine sarkıt. İp, kavanozun dibine ya da yanlarına değmesin.

6 Kavanozunu koyacak güvenli bir yer bul. (Buzdolabına koyma.) Aradan yaklaşık bir gün geçtikten sonra ipin etrafında kristallerin oluşmaya başladığını göreceksin. Kavanozu birkaç gün daha kendi haline bırak. İyice kristallendikten sonra ipi sıvıdan çıkarıp bu güzel şekerin tadına bak.

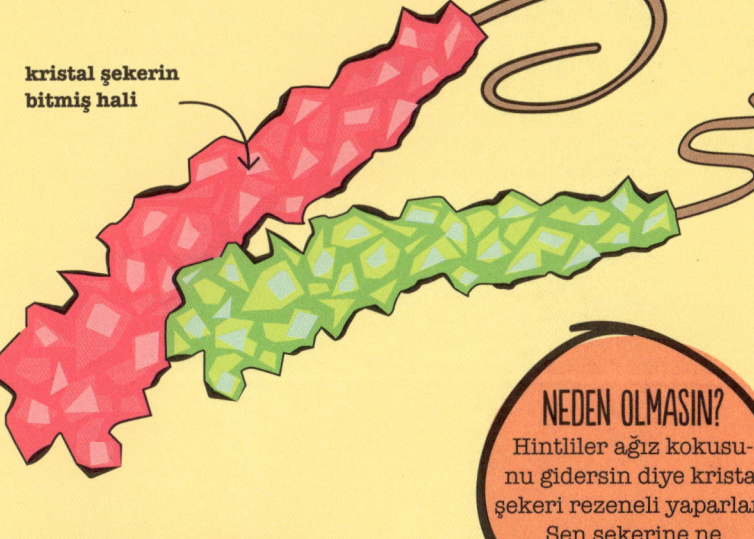

kristal şekerin bitmiş hali

NEDEN OLMASIN?
Hintliler ağız kokusunu gidersin diye kristal şekeri rezeneli yaparlar! Sen şekerine ne koymak istersin?

UNUTMA
Kavanozu yerinden oynatma ve parmaklarını içine sokma. Yoksa kristallerin oluşmasını engelleyebilirsin.

BİTTİ! TAMAMLANDIĞI TARİH:

25 KURTLARINI DÖKENE KADAR DANS ET

Önce aynanın önünde pratik yap, sonra dans pistinde bütün marifetlerini sergile!

1 Herkesin mutlaka denediği bir dans varsa o da limbodur. Dansçı, yerden yüksekte yerleştirilmiş bir çubuğun ya da süpürge sapının altından dans ederek geçer. Çubuk giderek alçaltılır. Sen ne kadar alçalabilirsin?

2 Serbest dans zamanı! Dansçılar sırayla piste çıkarak, grubun ortasında en havalı dans figürlerini sergilerler. Kıvrılıp bükül, yukarı aşağı zıpla ve yerlerde yuvarlan!

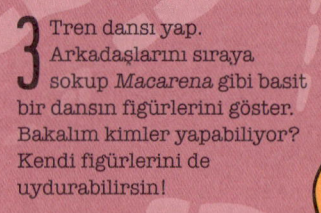

3 Tren dansı yap. Arkadaşlarını sıraya sokup *Macarena* gibi basit bir dansın figürlerini göster. Bakalım kimler yapabiliyor? Kendi figürlerini de uydurabilirsin!

BİTTİ! TAMAMLANDIĞI TARİH:

GÜNEŞİN GÜCÜNÜ KULLAN 26

Sıcak bir günde, basit bir kutuyu fırına dönüştürerek güneşin enerjisini toplayıp yumuşak ve lezzetli bir şeyler pişirebilirsin!

MALZEMELER:
- Ayakkabı kutusu
- Alüminyum folyo
- Streç film
- Tutkal
- Bisküvi
- Marshmallow
- Çikolata

1 Önce ayakkabı kutusunu hazırla. Kapağın üzerine dikkatlice büyük bir delik aç. Kutunun iç yüzünü tutkal yardımıyla alüminyum folyo ile kapla. Folyonun parlak yüzünü dışarı ver ki güneşin ısısını yansıtabilsin. Delikli kapağı, kutunun üzerine yerleştir.

2 Fırınını ısınması için güneşe koy. Aradan 30 dakika geçtikten sonra fırının dibine bir bisküvi, onun üzerine de bir *marshmallow* koy. Sonra kutunun üzerini streç filmle kapat.

3 *Marshmallow* ısınıp eriyene kadar fırını güneşin altında bırak. Sonra onu fırından alıp üzerine bir parça çikolata koy. Diğer bir bisküviyi en tepeye yerleştirip hafifçe bastırarak çikolatanın erimesini sağla. Çok leziz!

BİTTİ! TAMAMLANDIĞI TARİH: ....

27 UÇURTMA YAP VE UÇUR

Bir sürü değişik uçurtma çeşidi var. İşte basit bir kesekâğıdından çabucak yapabileceğin bir tanesi!

MALZEMELER:
- Kesekâğıdı
- Keçeli kalem, pastel boya ya da uçurtmanı neyle süslemek istiyorsan ona uygun malzemeler
- Delgeç
- 50 cm uzunluğunda dört parça ip
- En az 2,5 m uzunluğunda bir ip
- Yapışkan bant
- 20 cm uzunluğunda birkaç krapon kâğıdı

1 Önce kesekâğıdını hazırla. Üzerini keçeli kalemlerle boya ve istediğini çiz!

delgeç

2 Kesekâğıdını açıp dört köşesine birer delik aç. Delikler, kesekâğıdının kenarından yaklaşık 2 cm içeride olmalı.

3 50 cm'lik ipleri bu deliklerden geçirip, uçlarını bağlayarak sabitle. Dört ipi de bağladıktan sonra bunların uçlarını birbirine bağla ve en uca da 2,5 m'lik ipi tak.

yapışkan bant

4 Kesekâğıdının kapalı tarafına birkaç parça krapon kâğıdı yapıştırarak uçurtmanın kuyruğunu yap.

5 Kalkışa hazırsın! Uçurtmanı eline alıp hızla koş. İçine rüzgâr doldukça uçurtma havalanacak.

NEDEN OLMASIN?
Farklı uçurtma malzemeleri dene. Daha büyük bir kese kâğıdı kullansan acaba daha hızlı uçar mı? Naylon poşet kullanırsan daha yükseğe gider mi?

BİTTİ! TAMAMLANDIĞI TARİH:

28 — LAV LAMBASI YAP

Lav lambalarının içindeki baloncukları yapmak çok kolay... Üstelik bunları fosforlu bile yapabilirsin!

MALZEMELER:
- Kapaklı, temiz bir plastik şişe (1,5 lt.)
- Bitkisel yağ
- Su
- Gıda boyası
- Efervesan tablet (ufalanmış) ya da kaya tuzu
- Fener

1 Şişenin 1/4'ünü suyla, geri kalan 3/4'ünü yağla doldur. Yaklaşık 10 damla gıda boyası ekle.

2 Efervesan tableti karışıma atıp şişenin kapağını kapat. Tablet fısırdadıkça renkli baloncuklar yükselmeye başlayacak!

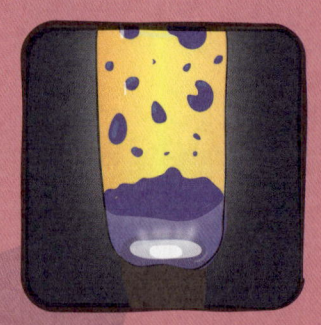

3 Işıkları kapatıp şişenin altına fener tut. Bu özel efekti SEN yaptın. Bravo!

BİTTİ! TAMAMLANDIĞI TARİH:

SÜPER BİR TAKMA AD BUL | 29

Bazı yazarlar takma ad kullanırlar ve buna "mahlas" denir. Takma bir ad uydurmak acayip eğlenceli olabiliyor. Dene de gör!

1 Mahlasını seçerken en sevdiğin kitaplardan ya da filmlerden bildiğin isimleri karıştırıp kullanabilirsin.

2 Ya da kendi isminden bir anagram türetebilirsin. Bunun gibi:

METE CAMBAZER
MACEBAMETEZR
CEM BETERAZAM

3 İsminin başına şık bir ünvan eklemeye ne dersin? Sör ya da Kraliçe mesela? Theodor Seuss Geisel, annesini sevindirmek için mahlas edinenlerden biri. Annesi onun hep doktor olmasını istermiş; o da ismini Dr. Seuss yapmış!

4 Yeni ismin için değişik bir imza bulmaya çalış. Helezonlarla, zikzaklarla yeni imzanı dene!

NEDEN OLMASIN?
Korkunç bir kitap, komik bir kitap ya da dramatik bir kitap yazdığını düşün ve bunlar için üç farklı mahlas uydur.

BİTTİ! TAMAMLANDIĞI TARİH:

30 HER ŞEYİ HATIRLA

Bir şeyler hatırlamak bazen zordur. Özellikle de çok önemli bir sınava hazırlanırken! İşte işine yarayacak bazı ipuçları.

FISTIKÇI ŞAHAP

1 Yeni şeyler öğrenmeye çalışırken acele etme ve konsantre olmaya çalış. Zihninde bir resim oluştur. İsimleri ve sözcükleri anımsamak için görsel bağlantılar kur. Hatırlaman gereken ayrıntıları barındıran bir şarkı ya da tekerleme uydur.

2 Olayların ya da nesnelerin sırasını hatırlamak için bir hikâye çizelgesi oluştur. Örneğin, yolculuğa çıkarken yanına güneş gözlüğü ve terlik alman gerekiyorsa şöyle diyebilirsin: "Pırıl pırıl, güneşli bir sabah vakti, Ali ayak parmağını yatağın köşesine çarptı."

3 Bir "anımsatıcı" kullan. Bu anımsama yöntemi bir sözcük bulmacası gibidir. Bir cümle kurulur ve cümledeki her sözcüğün ilk harfi bir başka sözcüğü çağrıştırır. Şöyle:

Kırmızı Denizayısı Güneşe Baktı

Bu bize pusuladaki yönleri, en tepeden başlayarak sırasıyla hatırlatır: Kuzey, doğu, güney ve batı.

BİTTİ! TAMAMLANDIĞI TARİH:

ÜÇ İLGİNÇ ŞİFRE YARAT { 31 }

Gizli bir görev için casus olarak seçildin. Nasıl iletişim kuracaksın? Tabii ki şifrelerle!

ARA BENİ

ŞİFRE ÇUBUĞU YAP

1 Bir kâğıt şeridini kurşunkalemin etrafına sar. Sonra kâğıdın üzerine bir mesaj yaz. Mesajı yazdıktan sonra kâğıdı çöz. Mesajını okumak, bilmeyen biri için bir hayli zor olacak!

AYNADAKİ MESAJ

2 Aynaya bakarak kâğıda bir mesaj yaz. Böylece bütün harfler ters yazılmış olacak. Ayna olmadan hiçbir şey ifade etmeyecek ama aynaya tutulduğunda mesaj aniden ortaya çıkacak.

> AYNADAN MESAJ YAZMAK BÖYLE GÖRÜNÜYOR. HADİ SEN DE DENE!

ŞİFRE: KSİLOFON

3 Şifrelerin birçoğunda harfler, başka harflerin yerine geçer. Aşağıdaki şifrede, alfabenin ilk sekiz harfinin yerinde KSİLOFON sözcüğü var. Mesajında, B sırasındaki harflerin yerine A sırasındakileri kullan! Aşağıdaki tabloda olmayan harfleri olduğu gibi kullanabilirsin.

K	S	İ	L	O	F	N	A	B	C	Ç	D	E	G	H	I	J	M	P	R	Ş	T	U	V	Y	Z	**A sırası**
A	B	C	Ç	D	E	F	G	H	I	İ	J	K	L	M	N	O	P	R	S	Ş	T	U	V	Y	Z	**B sırası**

Bakalım bu mesajı çözebilecek misin?
JEUHKYC RFVÇYJPUH!
(Yanıt: Okumayı seviyorum.)

BİTTİ! TAMAMLANDIĞI TARİH: ....

32 — KÂĞITTAN HARİKA BİR UÇAK YAPIP UÇUR

Kalkışa hazır mısın? Bir kâğıt al ve gökyüzüne göndereceğin müthiş uçağı yapmaya başla.

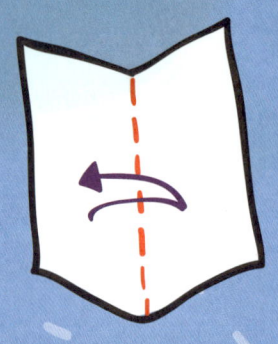

1 Kâğıdı dikine tutup ortadan ikiye katla.

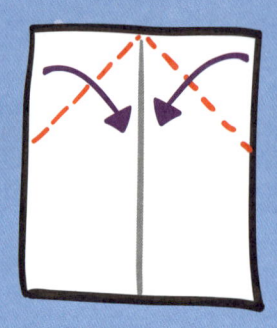

2 Sağ üst köşeyi kıvırıp orta çizgiyle buluştur. Aynı şeyi sol köşede de yap.

3 Kâğıdın üst kısmı artık üçgen şeklinde.

4 Bu üçgeni alıp kâğıdın merkezine doğru kıvır.

NEDEN OLMASIN?
Uçağını öyle boyayıp süsle ki eşi benzeri olmasın.

5 Sağ köşeyi orta çizgiyle buluştur. Aynı şeyi sol köşede de yap. Her iki köşenin ortada birbirine değmesi gerekiyor.

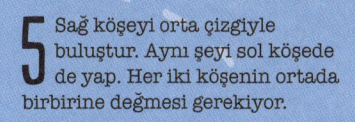

6 Kâğıdı, birinci adımda yaptığın çizgi boyunca ikiye katla.

7 Kanatları yapmak için, köşeleri uçağın altına doğru kıvır.

8 Uçağı altından tutup fırlat ve uçuşunu izle!

BİTTİ! TAMAMLANDIĞI TARİH:

33 · ACİL BİR DURUMUN ÜSTESİNDEN GEL

Acil bir durumun üstesinden gelebilmenin ilk şartı, hazırlıklı olmaktır. İhtiyaç duyduğunda kimden yardım isteyeceğini ve kendini nasıl sakinleştireceğini öğren.

İLKYARDIM ÇANTASI

Her an hazırda bir ilkyardım çantası bulundur. Bu çantayı hazır alacaksan, içinde aşağıdaki temel malzemelerin olup olmadığını kontrol et.

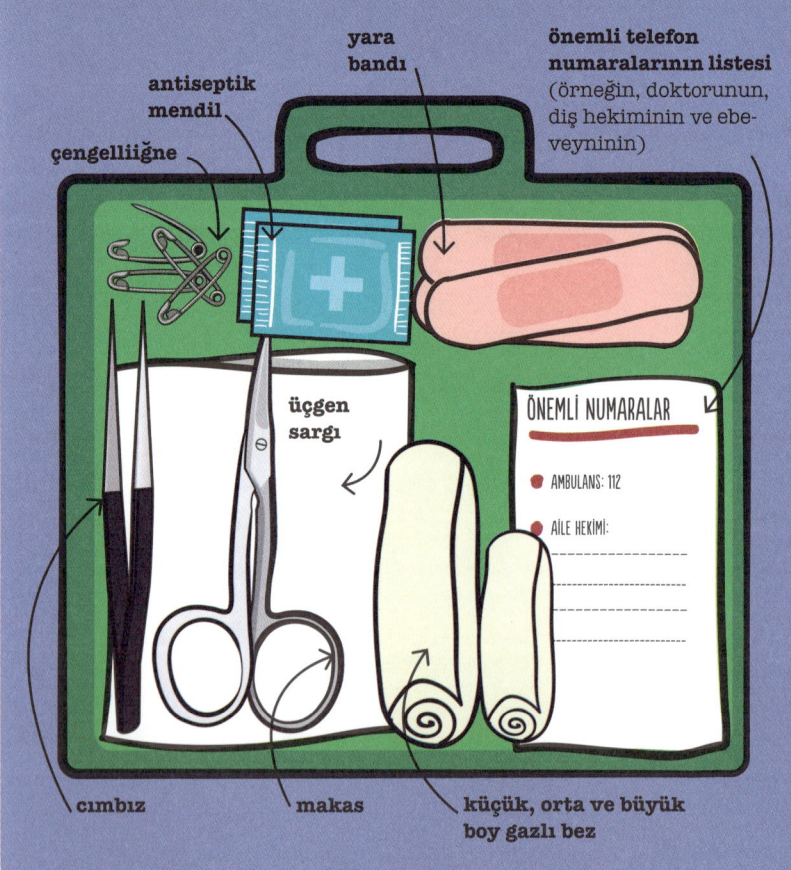

- yara bandı
- antiseptik mendil
- çengelliiğne
- önemli telefon numaralarının listesi (örneğin, doktorunun, diş hekiminin ve ebeveyninin)
- üçgen sargı
- cımbız
- makas
- küçük, orta ve büyük boy gazlı bez

ÖNEMLİ NUMARALAR
- AMBULANS: 112
- AİLE HEKİMİ:

KOL ASKISI

Kol ve bilek incinmeleri çok acı verir. Hastanın kolunu askıya alarak onu biraz rahatlatabilirsin. Ama ciddi bir incinme söz konusuysa doktora veya bir sağlık uzmanına görünmesi gerekir.

1 Hastayı oturtup incinen kolu destekle. Bileği ve eli dirsekten biraz daha yukarıda olsun.

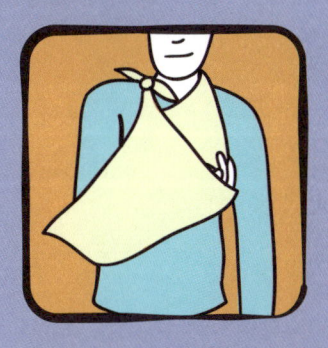

2 Üçgen sargıyı kolla göğsün arasından geçir. Uzun uç, omuzdan geçsin. Sargının alt kısmını kolun üzerinden geçirip ensede iki ucu birbirine bağla.

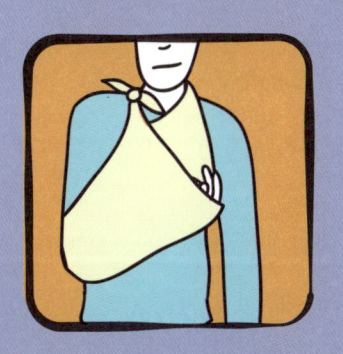

3 Askının dirseğe denk gelen noktasını kolun arkasına doğru katlayıp çengelli iğneyle tuttur.

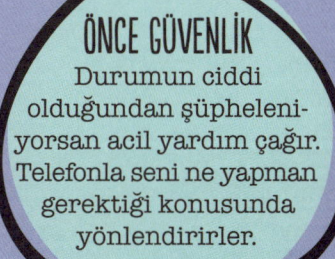

ÖNCE GÜVENLİK

Durumun ciddi olduğundan şüpheleniyorsan acil yardım çağır. Telefonla seni ne yapman gerektiği konusunda yönlendirirler.

BİTTİ! TAMAMLANDIĞI TARİH:

34 SOLUCAN ÇİFTLİĞİ KUR

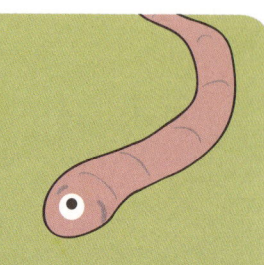

Kendine bir solucan çiftliği kurup bu kıvıl kıvıl yaratıkların toprağı kazmalarını, yemek yemelerini ve yeni evlerine yerleşmelerini izle!

MALZEMELER:
- 2 litrelik boş bir plastik şişe
- Makas
- Ufak çakıltaşları
- Kum
- Toprak
- Siyah kraft kâğıdı
- Yapışkan bant

1 Şişenin tepesini dikkatlice kesip keskin bir yüzey kalmaması için ağzını bantla. Şişenin tabanına birkaç delik aç; böylece fazla su buradan dışarı atılabilir. (Kestiğin parçayı sakla. İşin bittiğinde onu yeniden şişeye yapıştıracaksın!)

2 Malzemeleri sırasıyla dizmeye başla. En alta çakıltaşları, sonra kum, sonra toprak, sonra biraz daha kum ve biraz daha toprak koyarak şişeyi ağzına kadar doldur. Bahçenden ya da yakınlardaki bir parktan aldığın toprağı kullanabilirsin. Solucanlarıysa bahçeden toplayabileceğin gibi, bahçe ürünleri satan bir yerden kompost solucanı da alabilirsin. Çiftlik hazır olunca solucanları içine koy.

3 Siyah kâğıdı şişenin etrafına sar. Böylece solucanların doğal habitatına daha uygun bir ortam olur. Şişenin üst kısmını yapışkan bantla eski yerine yapıştır. Bir gün sonra solucanların yeni evlerinde ne kadar derine inmiş olduklarını kontrol et.

BİTTİ! TAMAMLANDIĞI TARİH:

KUTULARDAN ŞEHİR YAP | 35

Koca bir şehir kurmak için gereken her şeyi, çöpe attığın karton kutulardan yapabilirsin!

1 Birkaç tane kutu topla. Farklı boyutlarda olsunlar. En kullanışlıları, mısır gevreği, ayakkabı ve meyve suyu kutuları, karton rulolar ve spagetti kutularıdır (elbette gökdelen yapmak için!). Her kutunun üzerini kâğıtla kapla.

2 Pastel boyalarla, keçeli kalemlerle ve akrilik boyayla binalarını tasarla ve renklendir. Pencereleri, kapıları, tuğlaları, fayansları ve binalarında görmek istediğin diğer her şeyi çiz. Bitkiler, balkonlar çizmeye, hatta pencerelerden birine kendi fotoğrafını koymaya ne dersin?

3 Kutularını yan yana dizerek şehrini kur. Bütün binaları yerleştirdikten sonra, aralarına sokak ve parklar gibi başka ayrıntılar da ekleyebilirsin. Şehir planının nasıl olacağı tamamen senin hayal gücüne bağlı!

NEDEN OLMASIN?
Kurduğun şehirde Empire State ya da Gherkin gibi meşhur bir bina da olsun!

BİTTİ! TAMAMLANDIĞI TARİH:

36 DOKUMACILIĞI ÖĞREN

Dokumacılık, uygarlığın başlangıcından beri var olmuştur. Kendi mini dokuma tezgâhını yap ve ufacık bir kilim dokumayı öğren.

MALZEMELER:
- Büyük ve sağlam bir parça mukavva
- Makas
- Yapışkan bant
- Ölçmek için cetvel; ölçüleri işaretlemek için kurşunkalem
- Farklı renklerde sağlam ip/yün
- Çuvaldız

NEDEN OLMASIN?
Başka işlerden artan yünleri kullanarak rengârenk bir kilim yapabilirsin!

tezgâhın arkası

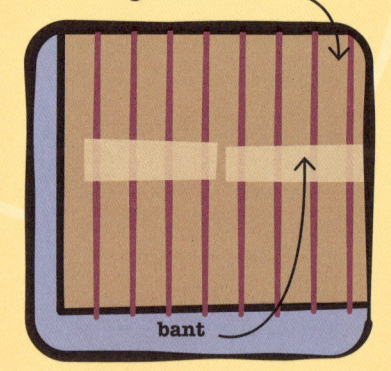

bant

1 Mukavvanın üst ve alt kenarına, karşılıklı olarak, yaklaşık 1 cm aralıkla çift sayıda işaret koy. Bu işaretleri kullanarak, dokumayı yaparken ipin yerleşeceği çentikleri aç. Bu mukavvayı dokuma tezgâhı olarak kullanacaksın.

2 Dokuma tezgâhına gerilecek ip için belli bir renk seç. İpi dikkatle çentiklerden geçirerek sar. Sonra iplerin uçlarını dokuma tezgâhının arkasında bantlayarak tuttur ki sen dokurken yerlerinden çıkmasınlar.

3 Farklı renkte bir ip seç ve çuvaldızla dikey iplerin bir altından bir üstünden geçirerek dokumaya başla. Bir sıranın sonuna geldiğinde, bir yukarıya geçerek ikinci sırayı dokumaya başla.

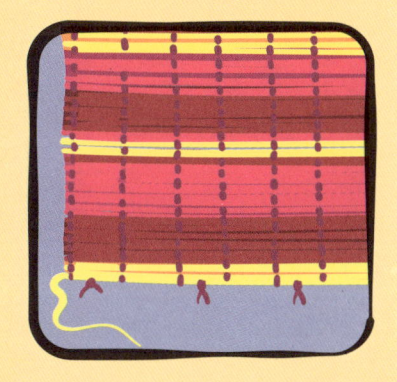

4 Bütün tezgâh dolana kadar dokumaya devam et. Arada istediğin kadar renk değiştirebilirsin. Dokuduğun sıraları bozmamaya dikkat ederek özenle birbirlerine yaklaştır. Yanlardan çok fazla germemeye dikkat et.

5 İşin bittiğinde tezgâhın arkasını çevirip, daha önce germiş olduğun ipleri kes. Bu ipleri çifter çifter birbirlerine bağlayarak dokumayı tamamla. Eserin artık hazır!

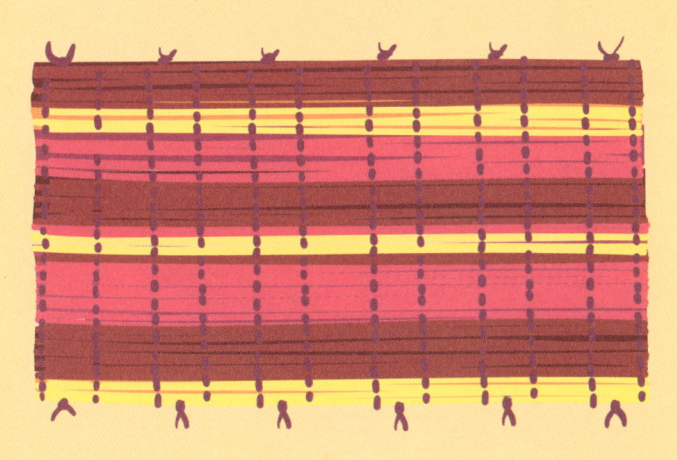

BİTTİ! TAMAMLANDIĞI TARİH:

37 DOĞAL AFETE HAZIRLAN

Kasırga! Deprem! Sel! Kendini doğal bir afetin ortasında bulsan ne yapardın? İşte hayatta kalmak için birkaç ipucu.

ACİL DURUM ÇANTASI

Afete hazırlıklı ol. Bir köşede bir ilkyardım seti, elektrik kesintisi olasılığına karşı bozulmayacak yiyecekler (örneğin, konserve fasulye) ve su şişeleri bulundur. İlkyardım setinin yanına pil, fener ve battaniye koymayı da unutma.

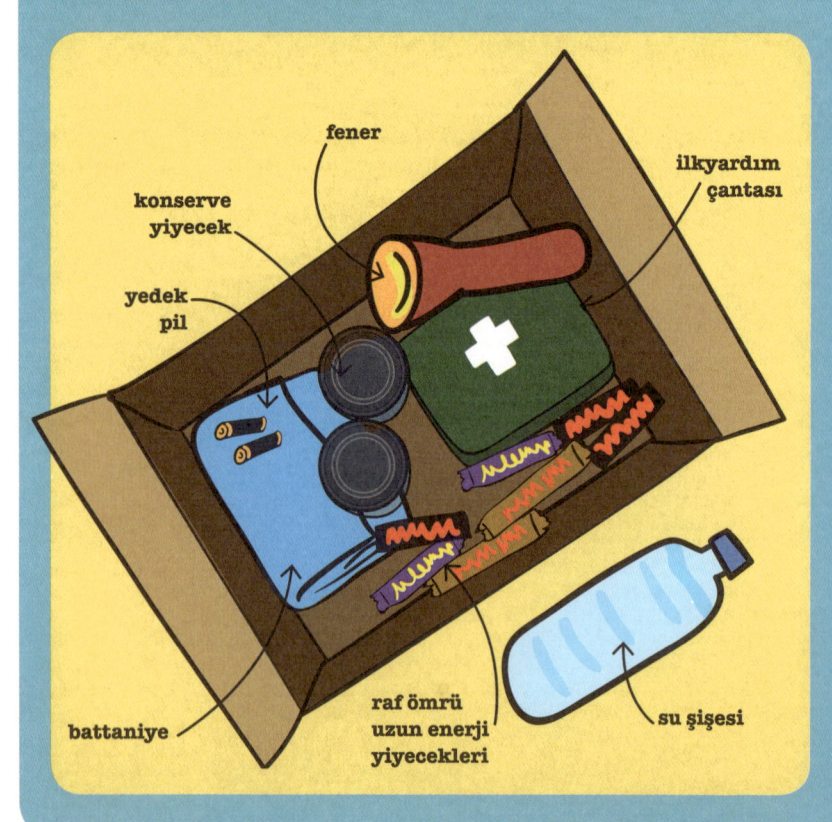

- fener
- konserve yiyecek
- yedek pil
- ilkyardım çantası
- battaniye
- raf ömrü uzun enerji yiyecekleri
- su şişesi

HAZIR OL

Bir doğal afet sırasında senin kontrolün dışında pek çok şey olabilir. Yapabileceğin en iyi şey, vakit geldiğinde neye nasıl tepki vermen gerektiğini öğrenmektir! İşte bazı doğal afetlerde yapılması gerekenlere dair ipuçları:

KASIRGA
Şiddetli rüzgâr, ağaç dallarının kırılmasına neden olabilir. Pencerelerini ve kapılarını sıkıca kapatıp rüzgârın ulaşamayacağı odalara sığın.

SEL
Şiddetli yağmur ve fırtına, su kenarındaki bir yerleşim yerinde sel baskınına neden olabilir. Evin içinde mümkün olduğunca yüksek bir yerde dur ve boşaltma emri olup olmadığını öğrenmek için yerel radyoyu takip et.

DEPREM
Deprem, evdeki eşyaları yerlerinden oynatabilir. Mümkün olduğunca alçakta dur, başını ellerinle koru ve sağlam bir masanın altına geç.

HORTUM
Şiddetli rüzgârlar, daracık bir alanda bile ağır yıkıma yol açabilir. Eğer içerideysen evin en alçak katında ya da bodrumda dur. Dışarıdaysan, bir hendeğe yat.

BİTTİ! TAMAMLANDIĞI TARİH:

38 HARİTA OKUMAYI ÖĞREN

Üç farklı harita türünü okumayı öğren. Hem de uydu navigasyonuna ihtiyaç duymadan!

HARİTA TÜRLERİ

BÖLGESEL

Bölgesel haritalar, en yaygın kullanılan haritalardır. Neyin nerede olduğunu ve bir yerden bir yere nasıl gidileceğini gösterirler. Bu haritalarda ülke sınırlarını, otoyolları, demiryollarını, parkları, gölleri ve nehirleri görebilirsin.

SİYASİ

Siyasi haritalar nüfus, dil ve ülke gibi farklı bilgilerin farklı renklerle kodlandığı haritalardır. Bu haritalarda, neyin nasıl gösterildiğini açıklayan ve lejant adı verilen bir de tablo olur.

FİZİKİ

Fiziki haritalar yeryüzü şekillerini gösterir. Engebeli alanlar, dağlık ve tepelik bölgeleri ifade eder. Yeşil alanlar, ormanların sık olduğu alanları gösterir.

KENDİ HARİTANI KENDİN YAP

Tükenmez kalemler, kâğıt ve havalı simgeler kullanarak oturduğun bölgenin haritasını çiz! Bazı binalar, yollar, otobüs durakları ve yeşil alanlar gibi yolunu bulmana yardım edecek önemli ayrıntıları eklemeyi unutma. Haritanı boyamayı bitirdikten sonra sık kullandığın yolları üzerinde işaretleyebilirsin. Mesela, okulun ya da bir arkadaşının evinin yolu veya yakınındaki parkın yolu gibi...

HARİTA SEMBOLLERİ

Bölgesel haritalarda ya da şehir haritalarında karşılaşabileceğin önemli simgelerden bazıları aşağıda. Haritana bunlardan da eklesene...

Tren

Havaalanı

Hastane/Acil Servis

Orman

Tarihi Bina

Kamp Alanı

Lokanta

Zirve

BİTTİ! TAMAMLANDIĞI TARİH:

39 — BEŞ HAYVANIN AYAK İZLERİNİ TANI

Hayvanların izlerini sürmek çok eğlencelidir. Ne aradığını ve nerede arayacağını bilmen yeterli.

1 Yumuşak bir zemin üzerinde ayak izleri bulmaya çalış. İzler, çamurun üzerinde, kumda ve kışın karda bile olabilir.

2 Hayvanın ne yaptığına bağlı olarak ayak izleri farklılaşır. Hayvan yürüyor muymuş, koşuyor muymuş, ağır mıymış, hafif miymiş, yoksa ayağı mı kaymış? Hepsini anlayabilirsin!

3 Doğada, hatta kendi bahçende karşılaşabileceğin ayak izlerini ayırt etmek için yandaki tabloya bak.

HAYVAN	AYAK İZİ
KEDİ	🐾
KÖPEK	🐾
TAVŞAN	🐾
MARTI	🐾
SİNCAP	🐾

BİTTİ! TAMAMLANDIĞI TARİH: ....

YEMEK ÇUBUKLARI KULLAN | 40

Japonlar yemeğe başlamadan önce "ita-daki-masu" derler. Bu, "Bu yiyeceği kabul ediyorum," demektir. Sonra çubuklarını kapıp yemeğe başlarlar! Bunu sen de yapabilir misin?

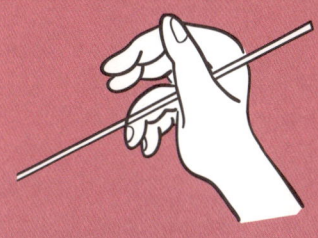

1 Elini sanki tokalaşacakmış gibi uzat. Çubuklardan birini başparmağının bittiği yerle yüzükparmağının ucu arasına yerleştir.

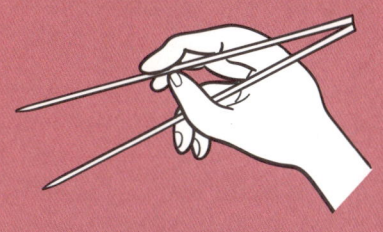

2 İkinci çubuğu başparmağın, işaretparmağın ve ortaparmağın arasında kalem tutar gibi tut. Önemli: Alttaki çubuk hareket etmeyecek.

3 Başparmağınla çubukları sımsıkı tutarken üstteki çubuğu hareket ettirerek alttakiyle birleştir. Bu hareket sayesinde yiyecekleri yakala!

BİLİYOR MUSUN?
Japonya'da çubuklarını yemeğin üzerinde boş boş hareket ettirmek ayıptır. Gözüne kestirdiğin en kolay lokmayı seç!

BİTTİ! TAMAMLANDIĞI TARİH:

41 BURCUNU TANI

Astrolojide, on iki Zodyak işaretinden birinde doğmuş olduğumuza inanılır. Senin burcunun özellikleri seni anlatıyor mu?

KOÇ

(21 Mart-19 Nisan)
Sadık, zorlukları sever, çalışkandır.

BOĞA

(20 Nisan-20 Mayıs)
Cazibeli, güvenilir, ama kolay utanır!

İKİZLER

(21 Mayıs-20 Haziran)
Konuşkan, cana yakın ve şefkatli.

YENGEÇ

(21 Haziran-22 Temmuz)
Sabırlı, korumacı ve biraz utangaç.

ASLAN

(23 Temmuz-22 Ağustos)
Oyuncu, hırslı ve ilgi çekmeyi sever.

BAŞAK

(23 Ağustos-22 Eylül)
Azimli, düzenli ve mükemmeliyetçi.

TERAZİ

(23 Eylül-22 Ekim)
Harika bir arkadaş, sanatçı, ama karar verme konusunda kötü.

AKREP

(23 Ekim-21 Kasım)
Güçlü, inançlı ve çok iyi sır tutar!

YAY

(22 Kasım-21 Aralık)
Nazik, iyi huylu ama sabırsız!

OĞLAK

(22 Aralık-19 Ocak)
Gerçekçi, cömert ve düşünceli.

KOVA

(20 Ocak-18 Şubat)
Sakin, yaratıcı ve genellikle sessiz.

BALIK

(19 Şubat-20 Mart)
Sempatik, komik ve duygusal.

NEDEN OLMASIN?
Gazete ve dergilerde günlük burç yorumunu okuyabilirsin!

BİTTİ! TAMAMLANDIĞI TARİH:
....

42 MÜKEMMEL ŞINAVLAR VE MEKİKLER ÇEK

Bu iki egzersizi her gün birkaç kez tekrarlayarak vücudunun formda kalmasını sağlayabilirsin.

ŞINAV

1 Yere uzanıp kollarını kullanarak vücudunu kaldır. Göğsün kalas gibi dümdüz olsun. Ellerini omuz hizanda yere koyup göğsünü ve bacaklarını ger. Sırtını dümdüz yap.

NEDEN OLMASIN?

İşi biraz kolaylaştırmak için ayaklarını yerden kesip dizlerinin üzerinde yapmayı da deneyebilirsin.

2 Kollarını dirseklerinden kırarak yere yaklaş. Poponu dışarı çıkarma ve sırtını kamburlaştırma. Yere yaklaşırken "kalas" pozisyonunu koru. Sonra kollarınla kendini iterek yeniden bir önceki pozisyona dön.

MEKİK

1 Sırtüstü yere yatıp kollarını göğsünde kavuştur. Ayak tabanlarını yerden ayırmadan dizlerini kır.

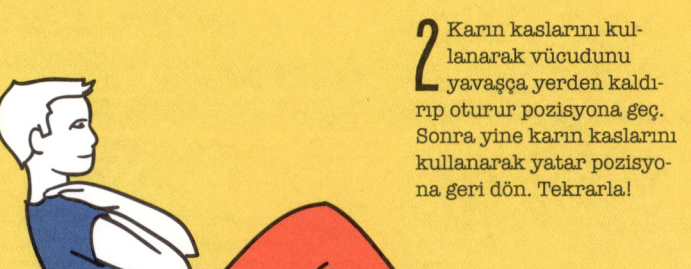

2 Karın kaslarını kullanarak vücudunu yavaşça yerden kaldırıp oturur pozisyona geç. Sonra yine karın kaslarını kullanarak yatar pozisyona geri dön. Tekrarla!

Ayaklarını yerden ayırma!

ÖNCE GÜVENLİK!

Egzersiz yaparken bir yerini incitmemeye dikkat et. Hareketleri günde 10 kezden fazla tekrarlama.

BİTTİ! TAMAMLANDIĞI TARİH:

43 RÜYALARINI YORUMLA

Biliminsanları neden rüya gördüğümüzü hâlâ tam olarak açıklayabilmiş değil. Ama gördüğümüz rüyaların özel anlamları olabilir!

DÜŞMEK
Kaygılısın. Acaba yarınki sınavı mı düşünüyorsun?

KOVALANMAK
Birisi seni endişelendiriyor.

GÖRÜNMEZLİK
Birilerinin sevgisine ve ilgisine ihtiyacın var.

UÇMAK
Mutlusun ve kendini özgür hissediyorsun. Hayat güzel!

DİŞ
Çok şanslısın! Bir gün zengin olabilirsin.

CANAVARLAR
Bir şey seni korkutuyor.

NEDEN OLMASIN?
Yatağının başucunda bir rüya günlüğü bulundur. Rüyalarının ayrıntılarını not et ve sabah kalktığında bunları yorumlamaya çalış.

BİTTİ! TAMAMLANDIĞI TARİH:

PATLAMAYAN BALON NUMARASINI YAP! 44

Balona iğne batırırsan patlar, değil mi?
Bu basit numarayla arkadaşlarını şaşırt!

1 İzleyicilere gösterini sergilemeden önce balonu alıp üzerine bir parça yapışkan bant yapıştır.

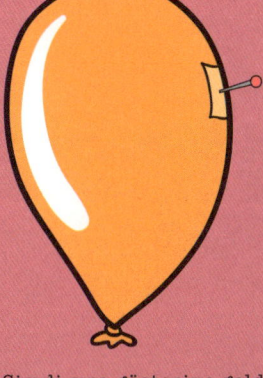

2 Şimdi sıra gösteriye geldi! Balonu öyle tut ki izleyiciler yapışkan bandı görmesin. İğneyi alıp (parmaklarına dikkat ederek!) balona yapıştırdığın banda batırırken sihirli sözcükleri söyle. Balon patlamayacak!

PAAT!

3 Son olarak, balonun sahte olmadığını kanıtlamak için iğneyi balonun herhangi bir yerine batırarak balonu patlat. Gösterini bomba gibi bitir!

BİTTİ! TAMAMLANDIĞI TARİH:

45 TERZİLİK YAP

Önce ipliği iğneye geçir, sonra da işe koyul! Bir düğme dik ya da bir yama yap. İnanılmaz! İşte sen de terzi oldun!

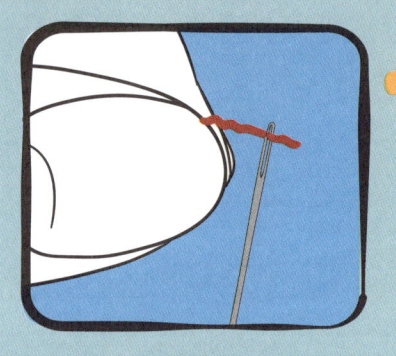

DÜĞME DİK

1. Düğmeyi dikeceğin kumaşın renginde, 30 cm'lik bir iplik kes. İpliği iğnenin deliğinden geçirip bir ucunu düğümle.

2. Düğmeyi alıp dikeceğin yere koy. İğneyi kumaşın altından sokup düğmenin deliklerinden birinden çıkar. Sonra çapraz delikten tekrar batır. Bu işlemi diğer delikler için de tekrarla. Bunu en az altı kez yap. Düğme deliklerinin üzerinde "x" işareti elde et.

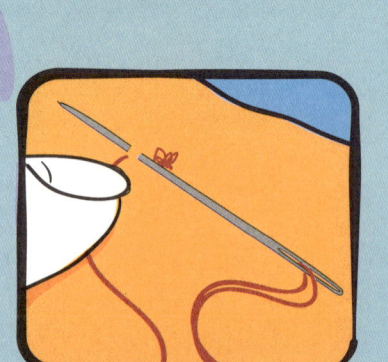

3. Düğme iyice sağlamlaştıktan sonra kumaşın alt tarafına, yani düğmenin arkasına birkaç ufak dikiş atarak bitir. İğneyi batırdığın yere dikkat et. Parmağına saplama!

KOT PANTOLONUNU YAMALA

1 Önce pantolondaki delikten 4 cm daha büyük bir kare kumaş kes.

2 Yamanın kenarlarını dikkatlice kıvırıp dikeceğin yere, deliği kapatacak şekilde iğnele.

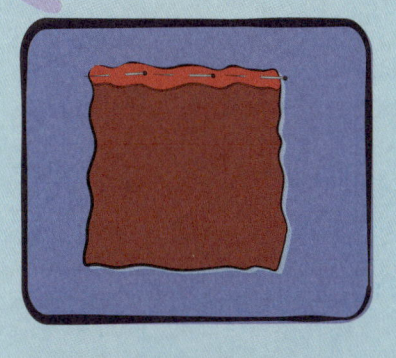

3 Yamayı pantolonuna yaklaşık 0,5 cm'lik dikişlerle birleştir. Parmaklarını dikmemeye dikkat et!

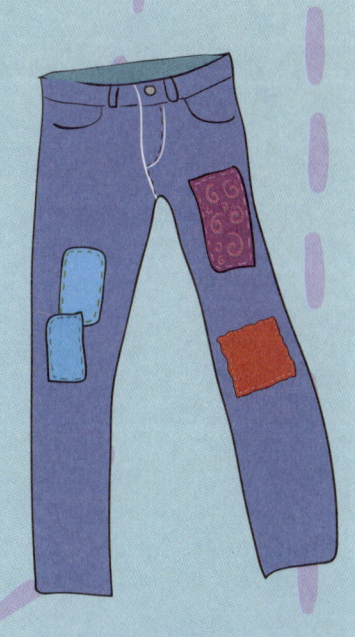

NEDEN OLMASIN?
Pantolonun kimselerinkine benzemesin diye yamalarını rengârenk kumaşlardan yap.

BİTTİ! TAMAMLANDIĞI TARİH:

46 BİR OPTİK OYUNCAK YAP

Thaumatrope adı verilen bir buluşa dayanan bu harika numaraya bir bak. Gözlerini yanıltıp sana güzel bir resim gösterecek!

1 Kartondan iki daireyi masaya koy. Dairelerden birinin ortasına boş bir akvaryum, diğerine de bir balık çiz. İkisini de boya.

2 Kartonları sırt sırta bir kurşunkalemin üzerine yapıştır. Kalemin alt kısmında, onu avuçlarının arasına alabileceğin kadar yer bırak.

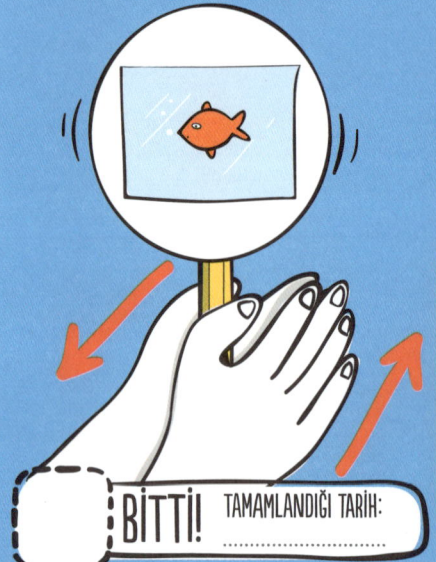

3 Kalemi avuçlarının arasında tutarak hızla döndür. Kartonların üzerindeki resimler birbirine geçip balığı akvaryumun içindeymiş gibi görmeni sağlayacak!

NASIL OLUYOR?

Bu illüzyon en iyi, iki resim sürekli olarak art arda göründüğünde meydana gelir. Kalemi çok hızlı döndürdüğünde, beynin bu resimlerin birleştiğini düşünür. Yavaş döndürdüğünde ise bir resimden diğerine geçiş yapar.

BİTTİ! TAMAMLANDIĞI TARİH:

BURNUNDA KAŞIK TAŞI | 47

Bir dahaki partinde bu numarayı dene! Tek ihtiyacın, bir kaşık ve bir hayli konsantrasyon!

1 Numarayı yapmak için orta boy bir kaşık al. Tatlı kaşığı en uygunu.

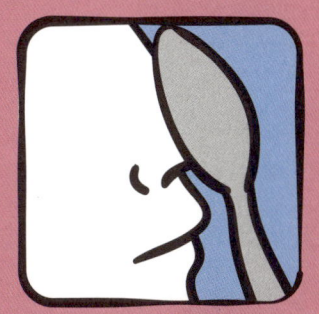

2 Kaşığın içbükey tarafını burnunun ucuna sürt. Başını hafifçe arkaya atıp kaşığı sürtmeye devam et. Kaşık burnuna yapışır gibi olduğunda sapını bırak.

3 Kaşığı "yapıştırmakta" zorlanıyor musun? Üzerine hohlayıp işaretparmağını birkaç kez sürttükten sonra tekrar dene. Bu sefer olacak!

NEDEN OLMASIN?
Kaşığı burnunda tutarken bir şeyler daha yap. Mesela bir şarkı söyle, dans et ya da bir şiir oku.

BİTTİ! TAMAMLANDIĞI TARİH:

48 ÇEVİRMELİ KİTAP YAP

Çevirmeli kitap yapmak, film çekmek gibi bir şeydir. Aslında film çekmekten daha iyidir; çünkü sadece kâğıt, kalem ve hayal gücüyle hazırlayabilirsin.

1 Bir tomar kolay kıvrılabilir, ince kâğıt al. Yapışkan not kâğıtları ya da boş bir not defteri harika olur.

2 Konunu seç! Müthiş bir sanatçı olmana gerek yok. Çöp adamlar ya da zıplayan bir top bile çizebilirsin. Basit olsun!

3 Defterin son sayfasından başlayarak ilk resmini çiz. Bir sonraki sayfaya geçip ilkinin üstünden geç ve ufacık değişiklikler yap. Bu ufak değişiklikler, hareket hissini yaratacak.

4 Bir resimle bir sonraki arasındaki daha büyük değişiklikler, kitabı çevirirken daha hızlı hareketler gibi algılanır. Ufak değişiklikler, yavaş hareketler gibi algılanır.

5 Hareket ediyormuş gibi görünen bir arka plan ekle. Örneğin, uçuşan bulutlar, her sayfada biraz daha batan bir güneş gibi...

6 Çevirmeli kitabından memnunsan, çizimlerinin üstünden tükenmez kalemle geç ki daha rahat görünsün. Şimdi, en son sayfadan başlayarak sayfaları hızla çevir ve eserinin nasıl hayat bulduğunu gör!

NEDEN OLMASIN?
Özel efektler ekle! Arka planda yanıp sönen sözcükler ya da sana doğru uçan bir kuş gibi!

BİTTİ! TAMAMLANDIĞI TARİH:

49 ÇORAPTAN KUKLA YAP

Tek bir çorap ile son derece havalı bir kuklayı zahmetsizce yapabilirsin!

MALZEMELER:
- Büyük bir çorap
- Kalın karton
- Makas
- Yün (isteğe bağlı)
- İki düğme, gözler, pipo temizleme çubukları (şönil) ve diğer elişi malzemeleri
- Kumaş tutkalı

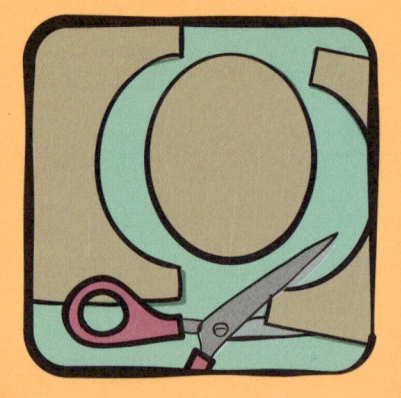

1 Kartondan büyük bir oval kesip ortadan ikiye katla. Bu, kuklanın ağzı olacak.

2 Bu parçayı, ağza benzeyecek şekilde boya. Dil veya diş çizebilir, hatta sözcükler bile ekleyebilirsin.

3 Elini çorabın içine sokup "ağzı" bul. Başparmağını çorabın topuğuna, diğer parmaklarını da ucuna yerleştir.

4 Çorabın parmaklarının arasında kalan bölgesine biraz kumaş tutkalı sürüp kartondan ağzı buraya yapıştır. Kurumaya bırak.

5 Son olarak, kuklanı kullanmak istediğin diğer malzemelerle süsleyerek ilginç bir karaktere dönüştür. Örneğin, yünden bir peruk, pipo temizleme çubuklarından komik kulaklar ya da rengârenk kumaşlardan bir pelerin ekleyebilirsin!

yün saçlar

düğme gözler

keçe dil

NEDEN OLMASIN?
Çoraptan kuklanı yaptıktan sonra ona bir kişilik kazandır. Sayfayı çevir ve onun nasıl kendi kendine konuşabileceğini öğren!

BİTTİ! TAMAMLANDIĞI TARİH:

50 KARNINDAN KONUŞ

Madem kuklanı yaptın, şimdi onu konuşturma zamanı!

1 "Siz de duydunuz mu?" gibi basit bir cümleyle izleyicilerin dikkatini çek. Bu soru sayesinde kulak kesilecekler.

2 Gerçek sesini "yut" ve dudaklarını mümkün olabildiğince az hareket ettirerek konuşmaya başla. Nefesini kontrol etmen ve ağzının "içinden" konuşman gerekecek.

3 B, F, M, P, V gibi harfleri seslendirmek çok zordur. Bu harflerin yerine, yandaki tablodaki sesleri koymaya çalış.

BİTTİ! TAMAMLANDIĞI TARİH: ....

SES	İPUCU
B	Bunun yerine genizden gelen bir "g" sesi koy.
F	Dilini hafifçe dişlerinin arasına sokarak "s"ye yakın bir ses çıkar. "Fil" olsun "sil".
M	"N" sesi çıkar. "Masa" olsun "nasa".
P	Genizden gelen bir "kl" sesi çıkar. "paten" olsun "klaten".
V	F'de olduğu gibi, "s"ye yakın bir ses çıkar.

VIR VIR VIR VIR

DONDURMA YAP | 51

Sadece naylon poşet ve birkaç basit malzemeyle gerçek dondurma yapabilirsin!

MALZEMELER:
- Ufak boy kilitli poşet
- Büyük boy kilitli poşet
- Bir sürü buz küpü (büyük poşeti dolduracak kadar)
- 230 ml. krema
- 60 gr kaya tuzu
- 2 çorba kaşığı şeker
- 1 paket vanilya
- Dondurmayı tatlandıracak leziz şeyler: damla çikolata, fındık ya da taze meyve.

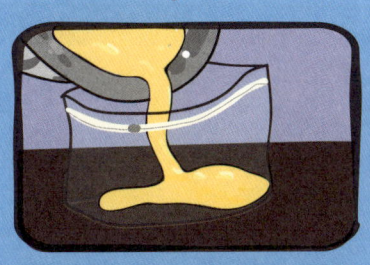

1 Şeker, krema ve vanilyayı bir kâsede karıştırıp küçük poşetin içine dök. Ağzını sıkıca kapat.

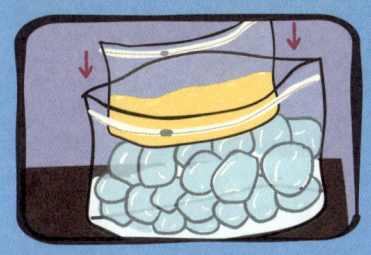

2 Tuzu ve buzları büyük poşete koy. Sonra ağzı kapalı küçük poşeti, büyüğün içine yerleştir.

3 Büyük poşetin de ağzını kapat. Karışım sertleşene kadar salla. Bu, yaklaşık 5-10 dakika sürer. İşte! Dondurman hazır!

NEDEN OLMASIN?
Dondurman donduktan sonra onu başka malzemelerle zenginleştirebilirsin. Örneğin, taze meyve ya da çikolata sosu kullanabilirsin.

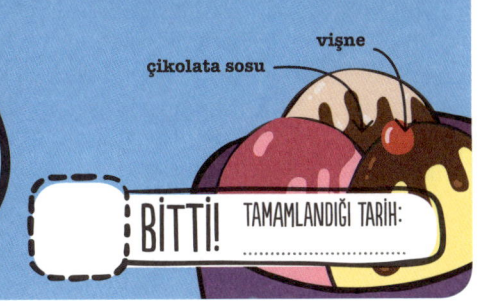

çikolata sosu — vişne

BİTTİ! TAMAMLANDIĞI TARİH:

52 KALEM KÂĞITLA OYUN OYNA

Oyun oynamaya hazır ol! Tek ihtiyacın, bir kalem, biraz kâğıt ve bir iki arkadaş!

ADAM ASMACA

Aklından bir sözcük tutup arkadaşına konuyu söyle. (Yer mi, kişi mi, spor mu, film ya da TV programı mı?) Örneğin, aşağıda İtalya sözcüğünü kullandık. Seçtiğin sözcükteki her harf için yatay bir çizgi çiz. Arkadaşın, sözcükteki harfleri bir bir bulmaya çalışsın. Bildiği harfleri, çizdiğin yatay çizgilerin üstündeki yerlerine yerleştir. Bilemedikleri içinse adamını asmaya başla! Asılan adam çizimi tamamlanmadan sözcüğü bilmek için arkadaşının altı hakkı var. Çizimin aşamaları şöyle:

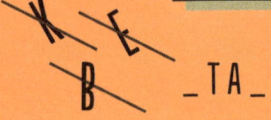

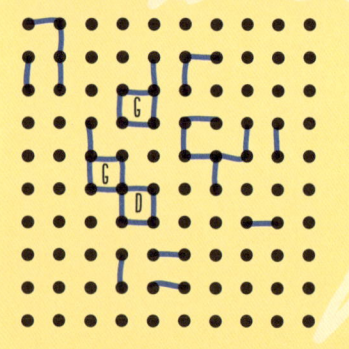

KARELER

Önce yaklaşık 10 x 10 noktadan oluşan büyük bir kare çiz (solda gördüğün gibi). Sonra arkadaşınla noktaların arasına sırayla çizgi çekin. Amaç, kareleri tamamlamak. Kareyi tamamlayan, içine isminin baş harfini yazsın ya da kareyi boyasın. Bütün noktalar birleştiğinde en çok karesi olan kazanır.

SESSİZ SİNEMA

Bunu oynamak için en az üç kişi gerekir. İlk önce bir kâğıdı ince şeritler halinde kesin ve her bir parçasına kitap, TV programı ve film isimleri yazın. Sonra bu kâğıtları katlayıp karıştırın. Sırayla bir kâğıt çekin ve arkadaşlarınıza sessiz işaretlerle onun ne olduğu anlatmaya çalışın. Tek bir kural var: Ses çıkarmak yasak! Mesela bazı şeyleri böyle anlatabilirsin:

KİTAP

FİLM

TV PROGRAMI

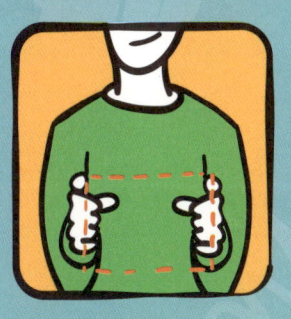

BİLDİN!

BİTTİ! TAMAMLANDIĞI TARİH:

53 BİR KUTU OYUNU YAP

Yağmurdan içeri tıkıldığın bir gün eski oyunları oynamakla yetinme, kendi oyununu yarat!

1 Önce oyununun kartonunu tasarla. En basit karton, her kenarında onar tane kare olan büyük bir karedir. Küçük karelerden bazılarını "oyun karesi" olarak belirle ve boya.

2 Nasıl bir oyun yapmak istediğine karar ver. Soru yanıtlamayı sever misin? Ya da cesaret oyunlarını? Oyun karelerine geldiğinizde arkadaşlarınla beraber yapacağınız eğlenceli şeyler düşün. Bunları ufak kartonlara ya da kâğıtlara yazıp ters çevirerek ortaya koy.

3 Oynamaya başlamadan önce bazı eğlenceli kurallar belirleyin. Zar atıp sırayla oynamaya başlayın.

BİR FIKRA ANLAT!

UNUTMA
Kartonun üzerinde hareket ettireceğiniz taşlara ihtiyacın olacak! Bunun için boncuk, bozuk para, aksiyon figürleri ya da şeker gibi şeyler kullanabilirsin.

BİTTİ! TAMAMLANDIĞI TARİH: ....

BİR KAYKAY NUMARASI YAP {54}

Kaykaycıların en temel numaralarından biri, *Ollie* denen bir harekettir. Kaykay yaparken **hiçbir zaman** kask giymeyi ihmal etme!

KAYKAYIN BÖLÜMLERİ:

- burun
- tahta
- kuyruk
- dingil
- tekerlek

1 Dizlerini kır. Yavaşça ilerlerken sağ ayağını olabildiğince hızlı bir biçimde kuyruğa indirerek zıpla.

2 Havadayken sol ayağını tahtanın burnuna doğru götür. Bunu tam olarak becerebilmek biraz vakit ve sabır ister. Onun için denemekten yılma.

3 İnişi yumuşatmak için dizlerini kır. Çok geçmeden ne zaman kaykayın tepesinde olsan kendini *Ollie* yaparken bulacaksın!

BİTTİ! TAMAMLANDIĞI TARİH:

55 DÜNYANIN YEDİ HARİKASINI ÖĞREN

En meşhur harikalar listesinde eski zamanlardan kalma yedi harika vardır. Bunlardan bazıları bugün ayaktayken bazıları zamanla yok olmuştur.

1. BÜYÜK GİZA PİRAMİTLERİ
Ne zaman? MÖ 2500
Ne? 250 m eninde, 125 m yüksekliğinde, 2 milyondan fazla taş bloktan oluşan mezarlar.
İlginç bilgi: Her taş blok, bir arabadan daha ağırdır!

2. BABİL'İN ASMA BAHÇELERİ
Ne zaman? Bilinmiyor.
Ne? Binaların içine ve yollara doğru büyümüş ağaç kökleriyle dolu verimli bahçeler.
İlginç bilgi: Bu bahçeye dair resmi bir kayıt yok. Bu yüzden bazıları, bu bahçelerin uydurma olduğunu düşünür.

3. EFES'TEKİ ARTEMİS TAPINAĞI
Ne zaman? MÖ 6. yüzyıl
Ne? Yunan av tanrıçası Artemis'in onuruna inşa edilen yüksek, muhteşem bir tapınak.
İlginç bilgi: Tapınak sellerden, depremlerden ve akınlardan dolayı yıkılmıştır.

4. RODOS HEYKELİ

Ne zaman? MÖ 292
Ne? Rodos'un ana tanrısı Helios'un 30 m'lik dev heykeli.
İlginç bilgi: Heykel, bir savaştan arta kalan zırhların eritilmesiyle yapılmıştır.

5. İSKENDERİYE FENERİ

Ne zaman? MÖ 3. yüzyıl
Ne? Dünyada denizcilere yol göstermek için yapılan ilk deniz feneri.
İlginç bilgi: Gündüzleri aynalarıyla güneş ışığını yansıtmış, geceleriyse denizcilere yol göstermek için fenerde ateş yakılmıştır.

6. OLYMPİA'DAKİ ZEUS HEYKELİ

Ne zaman? MÖ 5. yüzyıl
Ne? Fildişi, altın, ahşap ve çeşitli malzemelerden yapılmış, devasa bir tahtta Zeus heykeli.
İlginç bilgi: Heykelin sağ elinde, zafer tanrıçası Nike'nin ufak bir heykeli vardır.

7. HALİKARNAS MOZOLESİ

Ne zaman? MÖ 4. yüzyıl
Ne? Sütunlarla ve taş oymalarla süslü bir mozole.
İlginç bilgi: Kral Mausolos için inşa edilmiştir. Yerden yüksek mezar anlamına gelen "mozole" sözcüğü, onun isminden gelir.

BİTTİ! TAMAMLANDIĞI TARİH:

56 ÇILGIN PROFESÖR OL

Mutfakta kolayca bulabileceğin malzemeleri karıştırarak sıvıların rengini anında değiştirebilirsin!

MALZEMELER:
- Karıştırma kabı (tercihen cam)
- 7 plastik bardak
- Kırmızı lahana
- Bıçak
- Aşağıdakilerin her birinden yaklaşık 120 ml.:
  - Limon suyu
  - Sirke
  - Karbonat
  - Renkli ya da renksiz bulaşık deterjanı
  - Ketçap
  - Limonata ya da kola
  - Musluk suyu

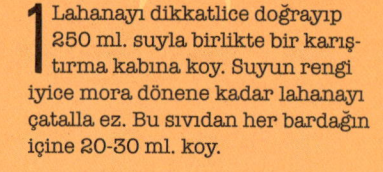

1 Lahanayı dikkatlice doğrayıp 250 ml. suyla birlikte bir karıştırma kabına koy. Suyun rengi iyice mora dönene kadar lahanayı çatalla ez. Bu sıvıdan her bardağın içine 20-30 ml. koy.

2 Sonra bardakların her birinin üzerini 7 maddeden biriyle (20-30 ml.) tamamla. Hangi maddeyi hangi bardağa koyduğunu not et. Bardaklardaki sıvıların renk değiştirdiğini göreceksin!

SONUÇLAR

Lahana suyu kırmızıya dönüyorsa, eklediğin sıvı **asitlidir**. Örneğin, limon gibi. Sıvı maviye dönüyorsa, eklediğin madde **alkalidir**. Örneğin, karbonat gibi. Sıvının rengi değişmiyorsa, karışımın **nötrdür**.

BİTTİ! TAMAMLANDIĞI TARİH:

KAMPA HAZIRLAN 57

Kampa gitmek ciddi bir planlama ve organizasyon işidir. Bu sayfayı okuyunca gereken bütün ipuçlarını edinmiş olacaksın!

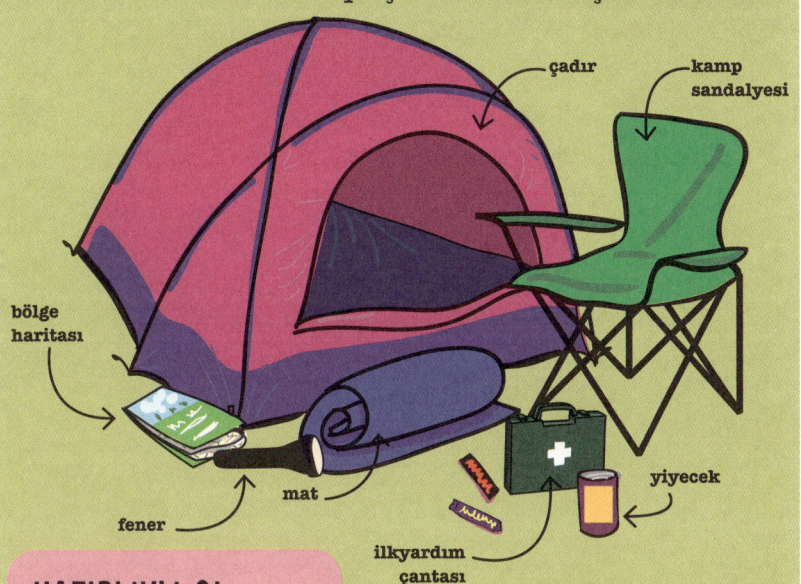

çadır — kamp sandalyesi — bölge haritası — fener — mat — ilkyardım çantası — yiyecek

HAZIRLIKLI OL

Doğada güzel bir uyku çekebilmek için olmazsa olmaz eşyaları yanına al. Örneğin, çadır, uyku tulumu ve mat gibi... Nerede kamp yapacağını düşün, havanın nasıl olacağını önceden kontrol et ve seni sıcak tutacak giysileri seç. Mükemmel (ve güvenli) bir kamp deneyimi için yanına ilkyardım çantası, yiyecek, fener ve harita almayı da unutma!

ÖNCE GÜVENLİK

Gideceğin yeri birilerine haber vermeyi hiçbir zaman ihmal etme ve asla yalnız kamp yapma!

BİTTİ! TAMAMLANDIĞI TARİH:

58 — BİRAZ ÇOKBİLMİŞLİK YAP

Arkadaşlarını bilgi birikiminle büyüle. İşte paylaşabileceğin süper havalı bazı bilgiler!

- Aynı parmak izleri gibi, herkesin **dil** izleri de birbirinden farklıdır.

- Dünyadaki çöllerin yalnızca %20'si kumla; geri kalanı **karla** kaplıdır.

- **Kollarını** iki yana açtığında bir elinden diğer elinin ucuna kadar olan mesafe, **boyunla** aynıdır. Gerçekten!

- **Kurbağalar** uyurken bile **gözlerini** kapamaz.

- İnsanın vücudundaki bütün **kanı boşaltabilmek** için 1,2 milyon sivrisineğin aynı anda ısırması gerekir.

- Evindeki tozun önemli bir kısmını **ölü deri hücreleri** oluşturur.

- Kediler günde **16 ila 18 saat** uyurlar.

NEDEN OLMASIN?

Öğrendiğin ilginç ve yeni bilgileri günlüğüne yaz. Kendi günlüğünü hazırlamak için 60 numaralı etkinliğe bak!

BİTTİ! TAMAMLANDIĞI TARİH:

HAVA DURUMUNU TAHMİN ET! 59

Başının üstündeki bulutlar sırf güzel görünsünler diye orada değiller. Bulutlar, hava durumu hakkında BİR DOLU bilgi verir!

SİRRÜS
Sirrüs bulutları, genellikle açık bir gökyüzünde görülen, buz kristallerinden oluşan ince bulutlardır. Bunlar havada olduğu sürece yağış ihtimali yoktur!

ALTOKÜMÜLÜS
Bu bulutlar ufak topaklar halindedir. Bunların birçoğu bir araya gelince fırtına bulutları oluşur.

KÜMÜLÜS
Bunlar, pamuk gibi görünen ve güneş batmadan önce ortadan kaybolan pofuduk bulutlardır. Bunların çok fazla olması, sonradan yağmur yağacağı anlamına gelebilir!

KÜMÜLONİMBÜS
Dışarıda hava griyse büyük olasılıkla gökyüzünü bir kümülonimbüs kaplamıştır! Bu, bulunduğun yerde ya da yakınlarda yağmur yağdığı anlamına gelir.

BİTTİ! TAMAMLANDIĞI TARİH:

60 KENDİNE GÜNLÜK YAP

Günlük tutmak hem eğlencelidir, hem de bir gün büyük bir yazar olmanı sağlayabilir! Kendine günlük yapmak için aşağıdaki basit adımları uygula.

MALZEMELER:
- A3 karton
- Çizgili A4 kâğıt
- Süslemek için pastel boya, çıkartma, keçeli kalem
- Zımba
- Kurdele

1 A3 boyutunda bir kartonu ikiye katla (tebrik kartı gibi). Bu, günlüğünün kapağı olacak. Dilediğin gibi süsle!

2 Delgeçle kapağın kenarını ortalayarak iki delik aç.

3 Çizgili A4 kâğıtlar alıp delgeçle sol taraflarını del. Bunlar, günlüğünün sayfaları olacak.

4 A4 sayfaları kapağın içine yerleştir. Bütün deliklerin birbirini tutup tutmadığını kontrol et.

5 Kapağın ve iç sayfaların deliklerinden bir kurdele geçirip bağla.

6 Günlüğün kullanıma hazır! Çizgisiz kâğıttan yaparsan çizim defteri olarak da kullanabilirsin.

GÜNLÜĞÜM

NEDEN OLMASIN?
Yalnızca senin anlayabileceğin bir şifreyle yaz ki meraklı gözler günlüğünden uzak dursun!

BİTTİ! TAMAMLANDIĞI TARİH:

61 — AY'IN EVRELERİNİ ÖĞREN

Ay, Dünya'nın etrafında dönerken şekil değiştiriyormuş gibi görünür. Değişen bu şekillere Ay'ın evreleri denir. Bu gece Ay hangi evrede?

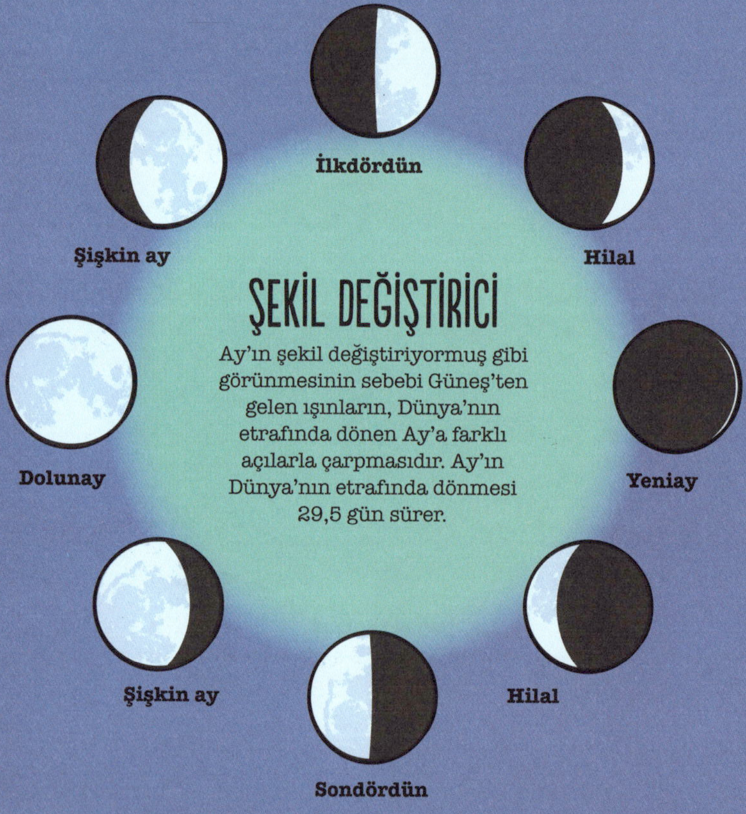

- İlkdördün
- Hilal
- Yeniay
- Hilal
- Sondördün
- Şişkin ay
- Dolunay
- Şişkin ay

ŞEKİL DEĞİŞTİRİCİ

Ay'ın şekil değiştiriyormuş gibi görünmesinin sebebi Güneş'ten gelen ışınların, Dünya'nın etrafında dönen Ay'a farklı açılarla çarpmasıdır. Ay'ın Dünya'nın etrafında dönmesi 29,5 gün sürer.

BİTTİ! TAMAMLANDIĞI TARİH: ....

ON FARKLI DİLDE TEŞEKKÜR ET | 62

Nereye gidersen git "Teşekkür ederim!" demeyi bil ve en sevilen misafir sen ol.

- **'GRACIAS'** — İspanyolca
- **'MERCI'** — Fransızca
- **'TAK'** — Danca
- **'SPACIBO'** — Rusça
- **'GRAZIE'** — İtalyanca
- **'KİİTOS'** — Fince
- **'EFHARISTO'** — Yunanca
- **'DANK JE'** — Felemenkçe
- **'XIE XIE'** — Çince (Mandarin) "sye-sye" diye telaffuz edilir.
- **'ARIGATÔ'** — Japonca

BİTTİ! TAMAMLANDIĞI TARİH: ....

63 MUTFAKTA VOLKAN PATLAT

Mutfak dolaplarında bulabileceğin birkaç malzemeyle kendi volkanını yap. Ama önce annenle babandan izin almayı unutma!

MALZEMELER:
- Oyun hamuru
- 1 litrelik kapaklı plastik şişe
- Kırmızı gıda boyası
- Bulaşık deterjanı
- Sirke
- 30 gr karbonat
- Ilık su
- Plastik huni
- Fırın tepsisi

1 Tepsinin üzerinde, plastik şişenin etrafını oyun hamuruyla kaplayarak dağını yap. Şişenin ağzını açık bırak, ama dikkat et içine bir şey düşmesin.

2 Suyun içine birkaç damla gıda boyası damlat. Yakıcı bir kırmızı renk elde et.

3 Kırmızı suyu huniyle "dağ"ın deliğinden içeri boşalt.

BUNLARI BİLİYOR MUSUN?

- "Volkan" sözcüğü Roma ateş tanrısı Vulcan'dan gelir.
- Evrende bilinen en büyük volkan, Mars gezegenindeki Olympus Mons'tur. Eni neredeyse 600 km'dir. Yani, Avusturya ülkesinin genişliği kadar!
- Jüpiter'in uydularından biri volkanlarla kaplıdır.

4 Dikkatlice altı damla bulaşık deterjanı ve 30 gr karbonat ekle.

5 İşte volkanının patlama vakti geldi! Sirkeyi huniyle içeri dökmeye başla. Patlamanın başlaması an meselesi!

NEDEN OLMASIN?
Tepsinin dibine kum koyup oyuncak dinozorlar yerleştir. İşte sana tarih öncesinden bir volkan patlaması!

BİTTİ! TAMAMLANDIĞI TARİH:

64 KENDİ BEYNİNİ ALDAT

Bu basit göz yanılsamalarında bir numara yokmuş gibi görünebilir. Ama her şey göründüğü gibi değildir!

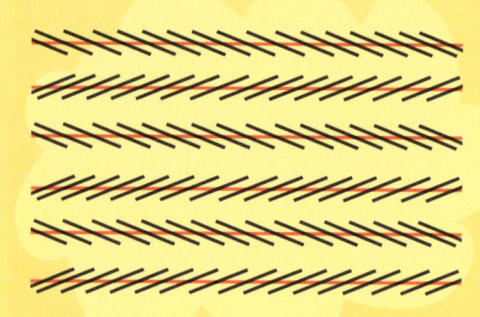

1 Kırmızı çizgiler eğik gibi görünüyor, değil mi? Acaba öyle mi?

Aslında dümdüzler! Bu yanılsama, Alman astrofizikçi Johann Karl Friedric Zöllner tarafından keşfedilmiştir.

2 Aşağıdaki kırmızı çemberlerden hangisi daha büyük?

Çok mu kolay geldi? Aslını istersen, ikisi de aynı büyüklükte. Sadece alttakinin etrafındaki ufak çemberler, ortadakinin daha büyük görünmesine yol açıyor.

3 Yukarıdaki ızgara karelerden oluşuyor. Peki sen de noktalar görüyor musun?

Bu göz yanılsamasının adı, "Hermann'ın ızgara illüzyonu"dur.

BİTTİ! TAMAMLANDIĞI TARİH:

KAR KÜRESİ YAP | 65

Kar kürelerinde minik bir manzaranın etrafına "kar" yağar. Sen de bir tane yapmayı dene!

1 Kapaklı ufak bir kavanoz al (reçel kavanozları bu işe çok uygundur). Kavanozun içini temizleyip bütün etiketleri sök.

3 Kapağın içine ufak biblolar ya da kutu oyunu piyonları yapıştır. Bu nesnelerin yerlerinden çıkmaması için kuvvetli bir yapıştırıcı kullan.

2 Kavanozu neredeyse ağzına kadar suyla doldurduktan sonra içine birkaç damla gliserin koy (gliserini eczanelerde bulabilirsin). Sonra da bir kaşık sim ekle.

4 Kapağı dikkatlice su dolu kavanozun ağzına takıp sıkıca kapat. Sonra kavanozu ters çevirip salla!

BİTTİ! TAMAMLANDIĞI TARİH:

66 KISA FİLM YAP

Arkadaşlarınla bir film yapmak çok eğlenceli olabilir! Aşağıdaki ipuçlarını takip ederek kendi şaheserini yarat.

SENARYO

1 Hikâyenin ve karakterlerinin nasıl olacağını belirledikten sonra, oyuncuların çalışması için bir senaryo yazabilirsin.

RESİMLİ TASLAK (STORYBOARD)

2 Film boyunca kılavuz olarak kullanılacak bir resimli taslak (hikâyenin karikatür bandı tarzında kabaca ifade edilmiş halini) hazırla. Her sahnenin nasıl olmasını istediğini hızlıca çiz.

ÖZEL EFEKTLER

3 Makyaj, peruk ve farklı kostümlerle arkadaşlarını birer yıldıza çevirebilirsin!

SET VE DEKOR

4 Muhteşem görüntüler almak için hiç de uzaklara gitmene gerek yok. Kendi evin, işe başlamak için mükemmel bir yer. Sor bakalım, ailenle arkadaşların oyuncu olmak ister mi?

GENİŞ AÇI

Bu açıyı olayın nerede geçtiğini göstermek ve sahneyi tanımlamak için kullan.

OMUZ ÜZERİ

Bu açı, olayları karakterinin bakış açısından gösterir.

YAKIN ÇEKİM

Bu açıyı karakterinin duygularını ve tepkilerini iyice göstermek istediğin zaman kullan.

EN YAKIN ÇEKİM

Bu açı ufak ayrıntılara dikkat çekmek için harikadır. Bir karakterin yüzüne bu çekimi yapmak gerilim duygusu yaratmanın iyi bir yoludur.

BİTTİ! TAMAMLANDIĞI TARİH:

67 BMX BİSİKLETLE TAVŞAN ZIPLAMASI YAP

Bu müthiş numaranın hakkından gelerek arkadaşlarının gözünü boya! Düşme olasılığına karşı **her zaman** kask tak.

1 Yavaşça ileri doğru hareket et. Bisikletin önünü kaldırmaya hazır ol.

2 Ön tekerleği havaya kaldır. Tekerlek yeniden yere inmeye başladığında bacaklarını kullanarak bisikletin arkasını zıplat.

NEDEN OLMASIN?

Bir arkadaşına söyle, yeni BMX numaralarını kameraya çeksin. Kısa film hazırlamak konusunda fikir almak için 66 numaralı etkinliğe bak!

3 Her iki tekerlek de havadayken önündeki engelin tepesinden atlayabilirsin!

4 Yumuşak bir iniş için, yere değmeden önce kollarını ve dizlerini kır. Her zaman ya arka tekerleğin ya da iki tekerleğin birden üstüne inmeye çalış.

BİTTİ! TAMAMLANDIĞI TARİH:

68 — GÖRÜNMEZ MÜREKKEPLE YAZI YAZ

Arkadaşına gizli bir mesaj mı göndermek istiyorsun? İşte kimse görmeden bunu yapmanın garantili bir yolu!

MALZEMELER:
- Suluboya fırçası ya da kulak çubuğu
- Beyaz kâğıt
- Limon suyu
- Ufak kâse
- Lamba

1 Fırçayı ya da kulak çubuğunu limon suyuna hafifçe batırdıktan sonra beyaz kâğıdın üzerine mesajını yaz. Fazla ıslatmamaya dikkat et ki çabucak kurusun.

2 Kâğıt kurudukça, yazdığın mesaj yok olacak. Kâğıdı katlayıp arkadaşına ver.

3 Mesajı okumak için kâğıdı lambanın altına tut. Kâğıt ısındıkça limon suyu mucizevi bir biçimde mesajını gözler önüne serecek!

BİTTİ! TAMAMLANDIĞI TARİH: ....

KENDİ EL FALINA BAK 69

İnsanlar yüzyıllar boyu el fallarına bakarak geleceği öngörmeye çalışmıştır. Sen de kendi avcuna bakarak ileride seni neler beklediğini öğrenebilirsin.

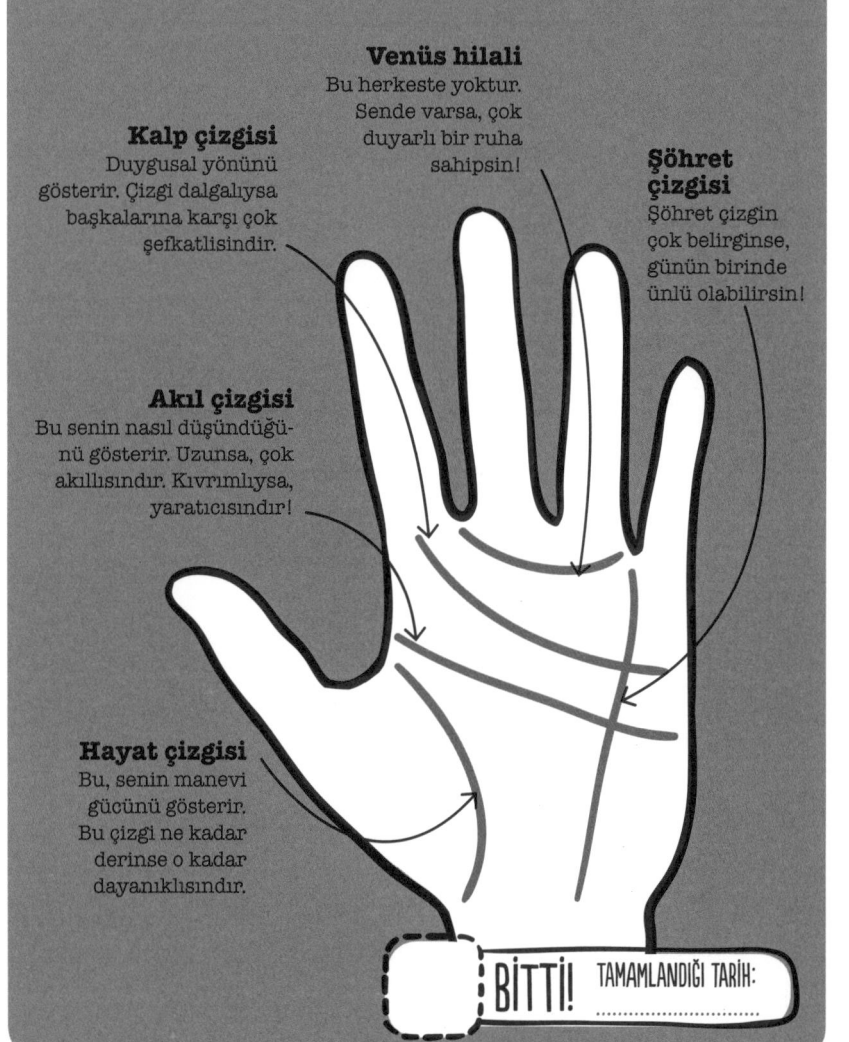

Venüs hilali
Bu herkeste yoktur. Sende varsa, çok duyarlı bir ruha sahipsin!

Kalp çizgisi
Duygusal yönünü gösterir. Çizgi dalgalıysa başkalarına karşı çok şefkatlisindir.

Şöhret çizgisi
Şöhret çizgin çok belirginse, günün birinde ünlü olabilirsin!

Akıl çizgisi
Bu senin nasıl düşündüğünü gösterir. Uzunsa, çok akıllısındır. Kıvrımlıysa, yaratıcısındır!

Hayat çizgisi
Bu, senin manevi gücünü gösterir. Bu çizgi ne kadar derinse o kadar dayanıklısındır.

BİTTİ! TAMAMLANDIĞI TARİH:

70 KENDİNE ENGEL PARKURU YAP

Eve kapandığın yağmurlu günlerde yapılacak en iyi şeylerden biri ev yapımı bir engel parkurudur! Evdeki eşyaları kullanarak parkurunu yapabilirsin.

BAŞLANGIÇ

1 Oyuncak basketi: Odanın bir köşesine bir çamaşır sepeti koy, ardından bir kucak dolusu peluş oyuncak ve yastık al. Bunları sepete atmaya çalış. Beşte üçünü sepete sokmayı başarınca bir sonraki aşamaya geç!

2 Komik zıplamalar: Parkurun bu aşamasında bütün oyuncular havada birkaç kez zıplarlar. İstersen önce bir yıldız gibi, sonra kurbağa gibi, sonra da tavşan gibi zıpla.

3 Hulahup: Yere bir hulahup koy. Ayaklarını birleştirerek çemberin bir içine bir dışına girip çıkarak on kez zıpla.

4 Tünel: Koca bir çarşaf ya da battaniye ve birkaç sandalye kullanarak bir tünel yap. Tünelin içinden geçip geri dönerek bir sonraki aşamaya geç!

5 İp cambazlığı: Yere bir atkı ser ve bir sirkte cambaz olduğunu hayal et! Kenarlarına basmadan atkının üzerinde yürümeye çalış. Kollarını iki yana aç ki dengeni sağlayabil.

6 Birkaç tane şapka, atkı ve eldiven topla. Bütün oyuncular bunların hepsini birden giyip poz versin, sonra hepsini çıkarsın!

BİTİŞ

BİTTİ! TAMAMLANDIĞI TARİH:
....

71 ÜNLÜ RESSAMLAR GİBİ RESİM YAP

Dünyanın en tanınmış ressamları gibi resim yapabilirsin! İşte sana ilham verecek iki ünlü sanatçının teknikleri...

DAMLATMA TEKNİĞİ

Amerikalı ressam Jackson Pollock, en ünlü eserlerini bu teknikle yaratmıştı. Sen neden denemeyesin?

MALZEMELER:
- Kâğıt ve karton
- Boya
- Boya fırçası
- Gazete kâğıdı
- Yapışkan bant
- Kurşunkalem
- Tutkal

1 Önce gazete kâğıdını yere yapıştır. Böylece yerleri batırmazsın. Boş resim kâğıdını gazetenin üzerine koy.

2 Fırçanı boyaya batırdıktan sonra kâğıdın üzerine eğil ve fırçayı sallayarak boyayı soldan sağa sıçrat. Bunu farklı renklerle tekrarla.

İMPASTO TEKNİĞİ

Bu teknikte boya o kadar kalın sürülür ki fırça darbeleri açıkça görülür. Hollandalı ressam Vincent Van Gogh bu teknikten sık sık yararlanmıştır.

1 Çizmek istediğin resmi kartonun üzerine ana hatlarıyla kurşunkalem kullanarak çiz.

2 Kalın fırça darbeleriyle boyamaya başla. Boyaya su ekleme. Mümkün olduğunca kıvamlı ve yapışkan olsun. Bu iş için en iyi boya türü akrilik boyadır.

3 İlk boya katmanının kurumasını bekledikten sonra ikinci katmana geç. Fırçanın sapını kullanarak sarmallar da çizebilirsin.

NEDEN OLMASIN?
Elinde akrilik boya yoksa su bazlı bir boyaya biraz beyaz tutkal ekleyerek resim yapmayı dene.

BİTTİ! TAMAMLANDIĞI TARİH:

72 ÇİM ADAM YAP

Bu çim adamın saçları yenebiliyor! Çim adamın bütün sülalesini bir araya toplasana!

1 Temiz ve küçük bir yoğurt kabını alıp üzerine keçeli kalemle ya da boyayla komik bir surat çiz.

2 Sonra kabı yarısına kadar ıslak pamukla doldur.

3 Pamuğun üzerine tere tohumlarını serpiştirip hafifçe bastır. Çim adamını güneş alan bir pencerenin içine yerleştir. Ama pamuğun kurumamasına dikkat et.

4 Tereler iyice büyüdüğünde uçlarından koparıp sandviçlerde ya da salatada kullanabilirsin. Afiyet olsun!

BİTTİ! TAMAMLANDIĞI TARİH:
....

SÜPER BİR PİJAMA PARTİSİ DÜZENLE

73

Pijama partisi düzenlemek acayip eğlencelidir! Harika bir gece geçirmek için şu önerilere bir bak.

DAVETİYE
Davetiyeni hazırla! Davetiye kâğıttan olabileceği gibi e-posta veya SMS şeklinde de olabilir. Spor, müzik ya da film maratonu gibi bir parti teması seç.

YİYECEKLER
En sevdiğin atıştırmalıkları depola! Patlamış mısır, cips ve sosa batırılan çiğ sebzeler iyi gider.

ETKİNLİKLER
Arkadaşlarınla yapmaktan hoşlandığınız şeylerin ve oynamayı sevdiğiniz oyunların listesini çıkar. Böylece yapacak şey bulmakta sıkıntı çekmezsiniz. Misafirlerinin her biri en sevdiği filmi ya da oyunu getirirse önünüzde bir sürü seçenek olur. Işıklar kapandıktan sonra hayalet öyküleri de uydurabilirsiniz!

UYKU (YA DA UYKUSUZLUK!)
Herkesin uyku tulumunu yerleştirebileceği uygun bir yer belirle. Bir sürü yumuşak yastık ve battaniye toparla ve keyfine bak!

NEDEN OLMASIN?
Arkadaşlarınla iyi vakit geçirmek için bu kitaptaki farklı etkinliklerden de yararlanabilirsin!

BİTTİ! TAMAMLANDIĞI TARİH:

74 YOLCULUKTA OYUNLAR OYNA

Uzun yolculuklarda canın mı sıkılıyor? Bir daha seyahate çıktığında bu eğlenceli oyunları denemeye ne dersin? Göz açıp kapayıncaya kadar gideceğin yere varmış olacaksın!

ALFABEYİ YE

Alfabedeki her harf için yenecek komik şeyler bul. Şöyle cümleler kur: "Öyle açım ki, anakonda yiyebilirim." Sıradaki oyuncu B harfiyle devam etsin. Örneğin, "Öyle açım ki, hem anakonda hem de basket topu yiyebilirim!" Bunu, arabadaki herkes zürafa yiyene kadar sürdür!

YER İSMİ OYUNU

İlk oyuncu bir yer ismi (dünyanın herhangi bir yerinde bir kasaba, şehir ya da ülke) söylesin. Örneğin, Londra. Sıradaki oyuncu, bu ismin son harfiyle başlayan bir başka yer ismi bulsun. Örneğin, Atina. Bakalım bunu ne kadar sürdürebileceksiniz?

JENERİK MÜZİĞİ BİLMECE

Oyuncular sırayla bir TV programının jenerik müziğini mırıldansın. (Sözleri söylemek yok!) Jeneriği ilk bilen, bir sonraki şarkıyı mırıldansın.

BİTTİ! TAMAMLANDIĞI TARİH:
....

EN LEZZETLİ SICAK ÇİKOLATAYI YAP

75

Eğer bugüne kadar sadece hazır sıcak çikolata içtiysen şimdi miden bayram edecek! Tek ihtiyacın olan biraz süt ve çikolata.

1. Bir büyüğünden sana biraz süt ısıtmasını iste. Bu arada sıcağa dayanıklı bir kabın içine bir parça acı çikolatayı ufak parçalara bölerek koy.

2. Sıcak sütün üçte birini çikolatanın üzerine döküp çırp. Bir dakika beklet.

3. Karışıma sütün geri kalanını ekle. Sütle çikolata tamamen karışana kadar çırpmaya devam et. Sonra bunu, en sevdiğin kupaya dök ve sıcak çikolatanın tadını çıkar!

NEDEN OLMASIN?
Sıcak çikolatanın üzerine minik *marshmallow*'lar da serpiştirebilirsin!

BİTTİ! TAMAMLANDIĞI TARİH:

76 DEFİNE AVINA ÇIK

Defineyi aramaya başla ve listedeki her şeyi arkadaşlarından önce bul!

NEREDE OYNAMALI?

Evinin bahçesi ya da mahalledeki park, define avı yapılabilecek harika yerlerdir ama evin içinde de ava çıkabilirsin. Oynayacağın yeri seçtikten sonra bütün oyunculara ne arayacaklarını söyle ve belirlenen bölgenin dışına çıkmamalarını sağla. Define avını dışarıda yapıyorsanız, bir büyüğe nerede olacağınızı haber vermeyi sakın unutma.

LİSTE YAP

Oyuncuların bulması gereken şeylerin listesini hazırlamakla işe başla. İşte bazı öneriler:

DIŞARIDA:
- Kozalak
- Çiçek
- Elinden büyük bir yaprak
- Avcundan küçük bir yaprak
- Güzel kokulu bir şey
- Yuvarlak bir şey
- Kuş tüyü
- Ağaç kabuğu
- "Y" şeklinde bir dal

İÇERİDE:
- Diş fırçası
- Kitap
- DVD
- Minder
- Yastık
- Kaşık
- Çorap teki
- Lastik ördek
- Mandal

BONUS EŞYALAR!

Ava çıkacağınız bölgeye komik şeyler de serpiştir. (Örneğin, yumurtalık ya da lastik ördek.) Oyunculara bu bonusları bulanların özel ödül kazanacağını açıkla! Eğer sen de ava katılmak istiyorsan, bir büyüğünden bu eşyaları saklamasını rica et.

VE KAZANAN...

Listedeki her şeyi ilk tamamlayan kazanır! Herkes geri geldiğinde, oturup topladıklarınızı iyice inceleyin.

NEDEN OLMASIN?
En büyük yaprak, en acayip nesne ve en güzel çiçek için özel ödüller ver.

BİTTİ! TAMAMLANDIĞI TARİH:
....

77 KENDİ GAZETENİ YAP

Kendi gazeteni yapmak, yazma becerini geliştirmenin ve hayal gücünü canlandırmanın harika bir yoludur!

BAŞ SAYFA

Her gazetenin **baş sayfasında** bir iki tane **manşet** vardır. Manşetlerdeki sözcükler daha büyük yazılır ve okurun dikkatini çekmelidir.

Gazete künyesi

Gazetenin adını koyup **künyesini** oluştur. Bu, baş sayfanın en göze çarpan kısmı olacak. Gerçek bir gazetede gördüğün bütün ayrıntıları ekle: Tarih, hava tahmini ve fiyat gibi...

Manşet

Fotoğraf

İÇ SAYFALAR

Baş sayfanı yaptıktan sonra gazetenin **iç sayfalarına** geçebilirsin. Bu sayfaları daha ufak manşetlerle ve daha çok makale ve haberlerle doldur. Bittiği zaman hepsini zımbala. Artık gazeten, gazete bayiine gitmeye hazır!

Makaleni yaz. İstediğin herhangi bir şey hakkında olabilir! Uydurma bir olay olabileceği gibi, senin ya da ailenin başından geçmiş bir olayla ilgili de olabilir.

Makale

ANNE: "KÖPEK BAHÇEMİ MAHVETTİ!"

EN GÜZEL DOĞUM GÜNÜ PASTASI!

Karikatür

Resim altı yazısı

NEDEN OLMASIN?
Ailen hakkında bir gazete yap! Sonra gazeteni sık görüşmediğin akrabalarına gönder.

Fotoğrafların ve resimlerin altına onlarla ilgili bilgi veren **resim altı yazıları** ekle. Resimlere uygun komik yazılar bulmaya çalış. Ayrıca, bütün resimler makalenle ilgili olsun.

BİTTİ! TAMAMLANDIĞI TARİH:

78 BATİK TİŞÖRT YAP

Yaratıcılığını kullanarak dümdüz beyaz bir tişörtü havalı yeni bir tişörte dönüştür!

MALZEMELER:

- Beyaz tişört
- Naylon masa örtüsü ya da çöp torbaları
- Paket lastiği
- En sevdiğin renklerde kumaş boyaları
- Sürahi
- Leğen
- Lastik eldiven
- Tuz
- Plastik sıkılabilir şişeler (boş ketçap şişesi gibi)
- Naylon torba

1 Çalışacağın yüzeyi naylon masa örtüsüyle ya da çöp torbalarıyla kapla. Tişörtü boğazından başlayarak aşağı doğru rulo yap ve aralıklarla paket lastikleri geçir.

2 Lastik eldivenlerini giydikten sonra kumaş boyasıyla suyu bir sürahide karıştır. (Boya paketinin üzerindeki talimatları izle.) Karışımı plastik şişene dök. Bunu istediğin kadar farklı renkle yapabilirsin!

3 Bir leğene ılık tuzlu su koyup tişörtü bu suya bas. Aradan bir iki dakika geçtikten sonra çıkar.

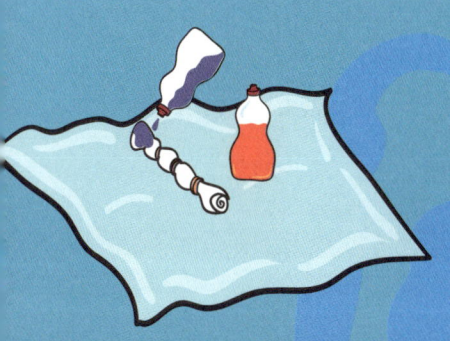

4 Tişörtü çalışma yüzeyine al ve paket lastiklerinin arasında kalan bölümlere kumaş boyası sık.

5 Boyamayı bitirdikten sonra tişörtü bir naylon torbanın içine koyup bir gece beklet. Ertesi gün ellerini korumak için yine lastik eldivenlerini giyerek tişörtü soğuk sudan geçir. Akacak boya kalmayana kadar yıka. Sonra paket lastiklerini çıkar.

6 Bir büyüğünden tişörtü çamaşır makinesine atmasını (yanına başka çamaşır koymadan!) ve soğuk suyla yıkamasını rica et. Sonra açık havada kurumaya bırak. Bundan sonraki birkaç yıkamada bu tişörtü tek başına yıka.

NEDEN OLMASIN?
Farklı etkiler yakalamak için farklı renkler ve farklı bağlama biçimleri dene.

BİTTİ! TAMAMLANDIĞI TARİH:

79 | BALONDAN KUĞU YAP

Bir balonu alıp güzel bir kuğuya çevirerek misafirlerini etkileyebilirsin!

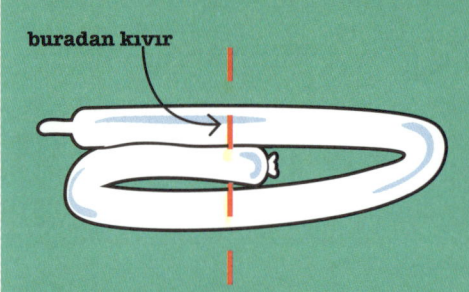

buradan kıvır

1 Bu numara için ince uzun bir balon kullanmak gerekiyor. Balonu neredeyse tamamen şişir; sadece ucunda 5-10 cm'lik bir yer bırak. Balonu kıvırıp büyük bir daire yap. Düğümün olduğu uç, dairenin ortasına doğru gelsin. Balonu merkezinden tutarak, düğümü bırakmadan olduğu gibi kıvır.

2 Böylece iki halka elde edeceksin. Şişmemiş kısımsa havada kalacak. Bu havada kalan kısım, kuğunun boynu olacak. Soldaki halkayı sağdaki halkanın içinden geçirerek balondan bir gövde yap.

buradan sık

3 Üst kısmı tutup şişmiş kısımdan uca doğru hava sık. Böylece balon, tam kuğunun kafasına benzeyecek biçimde eğik kalacak!

BİTTİ! TAMAMLANDIĞI TARİH: ....

KENDİ KENDİNİ KANDIR | 80

Kendi kendine bir numara yapabilir misin? Aşağıdaki harika numaraları denemeye ne dersin?

ELMALAR VE PORTAKALLAR

Bir elma, bir de portakal al. Elmadan bir ısırık aldıktan sonra portakalı burnuna tut. Elmanın tadı değişti mi? Koku alma duyunla tat alma duyun birbiriyle yakından bağlantılı. O yüzden elmanın tadının portakal gibi geldiğini hissedeceksin!

PARMAK TESTİ

Elini, avcun aşağıya bakacak şekilde, masa gibi düz bir yüzeyin üzerine koy. Diğer parmaklarını kıpırdatmadan yüzükparmağınla masaya vur. Kolay, değil mi? Şimdi ortaparmağını avcuna doğru katla ve yüzükparmağını yeniden oynatmayı dene. Kıpırdatman imkânsız, değil mi? Çünkü yüzükparmağınla ortaparmağının ortak bir tendonu var.

NEDEN OLMASIN?

Ailen ve arkadaşların için bir sihirbazlık gösterisi hazırla. Daha fazla fikir almak için 16 numaralı etkinliğe bak.

BİTTİ! TAMAMLANDIĞI TARİH:

81 SAKIZ KÂĞIDINDAN BİLEKLİK YAP

Bu bilekliği yapmak çok eğlenceli. Ama sırf eğlenmekle kalmıyor, bunu yaparken geri dönüşüm de yapmış oluyorsun! Bu bilekliği şeker kâğıtlarından veya kırpık kâğıtlardan da yapabilirsin, ama en iyi sakız kâğıtlarıyla oluyor.

1 Kâğıdın uzun kenarlarından birini ortaya doğru katla. Sonra karşıdaki uzun kenar için de aynı şeyi yap. Ardından, kâğıdın tamamını ortadan katlayarak uzun bir şerit elde et.

2 Kâğıdı ortasından katla. Sonra her iki ucu merkezde birleştir.

3 Sıradaki kâğıtla 1 ve 2 numaralı adımları tekrarla. Farklı renkler kullanırsan farklı bir desen elde edersin.

4 Katlanmış kâğıtların düz uçlarını diğerlerinin yanlarındaki açıklıklardan geçirerek "v" şekli oluştur.

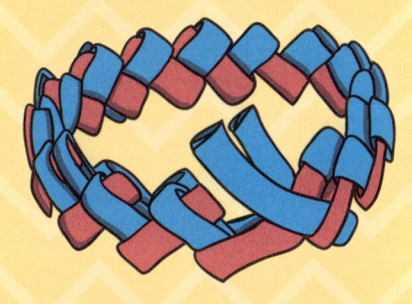

5 İlk dört adımı tekrarlayarak zikzaklı bir zincir elde et.

6 Bilekliğin, bileğine uyacak uzunluğa ulaştığında bir halka daha ekle, ama son iki katı yapma.

7 Bu kenarları ilk kâğıdın açıklıklarından geçirip uzun şeritleri içeri katlayarak bilekliği kapat. Biraz elin alıştıktan sonra bilekliğin şöyle bir şey olacak!

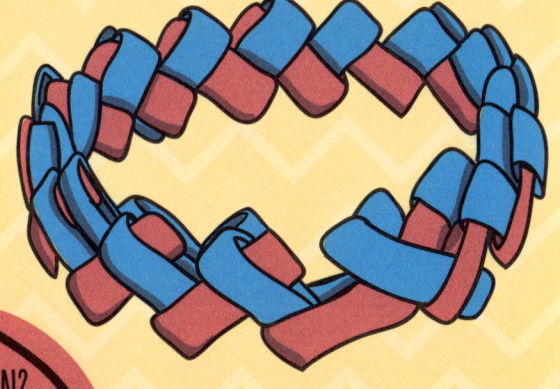

NEDEN OLMASIN?
Farklı renkleri bir araya getirerek bütün arkadaşların için değişik değişik bileklikler yap!

BİTTİ! TAMAMLANDIĞI TARİH:

82 — A4 KÂĞIDIN İÇİNDEN GEÇ

Bir A4 kâğıdın içinden yürüyüp geçerek arkadaşlarını hayrete düşür!

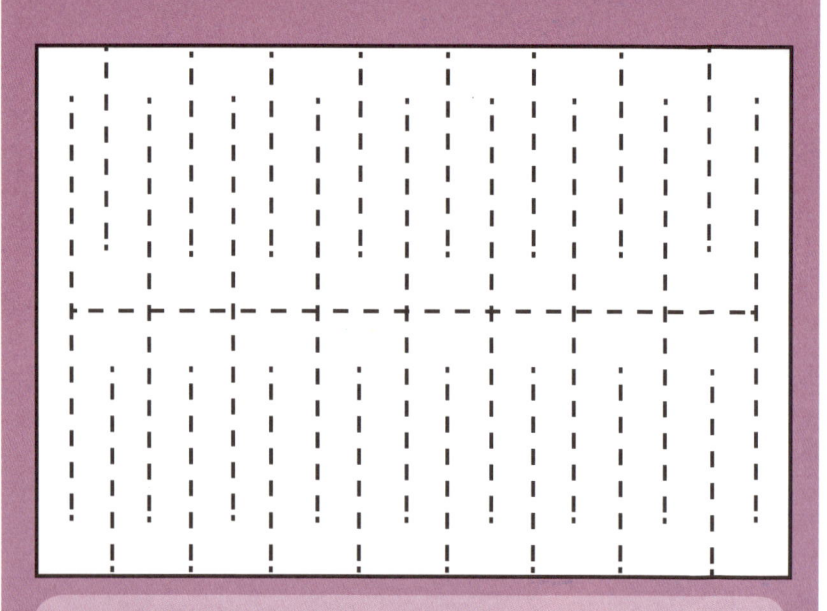

GÖSTERİ

1. Bir A4 kâğıdına, ortasından bir insanın geçebileceği kadar büyük bir delik açıp açamayacağını izleyicilere sor.

2. Kâğıdı izleyicilerin gözü önünde işaretli yerlerden kes. Bu arada şakalar yap ki beklerken sıkılmasınlar!

3. Kâğıdı iyice gerip içinden geç. İşte bu kadar!

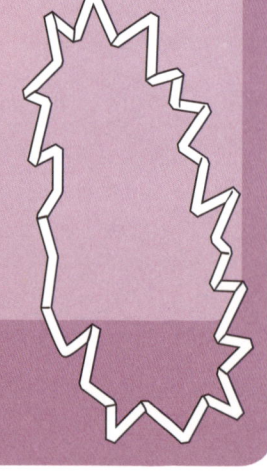

BİTTİ! TAMAMLANDIĞI TARİH: ....

KÂĞIT BARDAKTAN HOPARLÖR YAP

83

Telefonun ya da MP3 çaların için kâğıt bardaktan bu kullanışlı hoparlörleri yap!

MALZEMELER:
- Bir çift kulaklık
- Dört kâğıt bardak
- Yapışkan bant
- Ufak makas

1 Hoparlör olarak kullanacağın iki bardağın tabanına dikkatle birer çapraz kesik at.

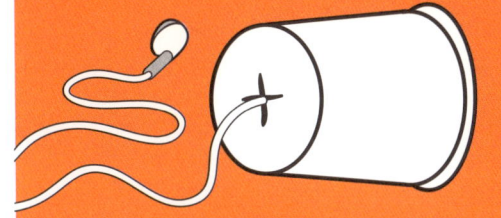

2 Kulaklıkları bu deliklerden geçir. Kulaklığın ucu içeride olsun, bir tek kablo dışarıda kalsın.

3 Diğer bardakları baş aşağı çevir ve "hoparlörlerini" bunların üzerine yan yatır. Yanlardan bantlayarak yerlerine sabitle. Kulaklıkları bir MP3 çalara bağla ve müzik çalmaya başla!

BİTTİ! TAMAMLANDIĞI TARİH:

84 DEV BALONLAR YAP

Devasa balonlar çıkarmak için muazzam bir halka yap!

MALZEMELER:

Balon solüsyonu için:
- 700 ml. su
- 120 ml. bulaşık deterjanı
- 60 gr mısır unu
- 1 yemek kaşığı kabartma tozu
- 1 yemek kaşığı şeker melası
- Bulaşık leğeni

Süper balon halkası için:
- İki plastik pipet
- İp
- Şerit metre
- Makas

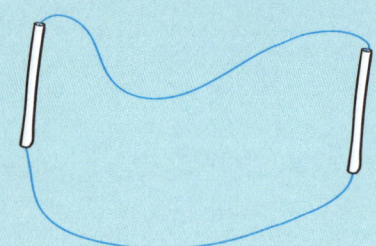

1 2 m uzunluğunda bir ipi pipetlerin içinden geçir. İpin uçlarını bağladıktan sonra, pipetleri balon halkasının tutamakları olarak kullanacaksın.

2 Balon karışımının bütün malzemelerini bulaşık leğenine koyup karıştır.

3 Balon halkasını bu karışıma batır, havaya kaldır ve yavaşça geri geri yürü. İlk başta işe yaramazsa üzülme. Yakında akıl almaz balonlar yapacaksın!

BİTTİ! TAMAMLANDIĞI TARİH:

FOSFORLU BİR BULAMAÇ YAP

85

Karanlıkta parlayan çılgın bir bulamaç yap!

MALZEMELER:

- 350 ml. su
- Fosforlu boya (bunu, hobi mağazalarından ya da kırtasiyelerden alabilirsin)
- 260 gr mısır unu
- Kâse
- Tahta kaşık
- Ölçüm kapları

1. Mısır ununu azar azar suyla karıştır. Karışım, hamur haline gelene kadar karıştırmaya devam et.

2. Fosforlu boyayı karışıma ekleyip iyice karıştır.

3. Bulamacın hazır olunca ışığa tutup karanlıkta parlamasını sağla.

EN ÖNEMLİ İPUCU
İşin bitince ellerini yıkamayı unutma. Kalan bulamacı da kilitli bir naylon poşette sakla.

BİTTİ! TAMAMLANDIĞI TARİH:
....

86 HAYALET AVINA ÇIK

Ürkütücü bir macera ister misin? Arkadaşlarını toplayıp onlarla hayalet aramaya ne dersin? İşte sana mahallende gezinen ruhların izini sürmenin yolu...

HAZIRLAN

Hayalet avlayacağın yerde olabildiğince sakin ve hareketsiz dur. Korkmuyorsan ışıkları kapat ya da hiç olmazsa azalt! Gördüğün, duyduğun ve hissettiğin her şeyi not et.

SORULAR SOR

Bulunduğun yerde sessizlik sağlandıktan sonra hayalete "Kimse yok mu?" ve "Bize bir işaret verebilir misin?" gibi sorular sor. Sorunu sorduktan sonra neler olduğunu gözlemle.

> KİMSE YOK MU?

EYVAH!

Hayaleti görürsen, duyarsan ya da hissedersen etrafındakilerin de aynı deneyimi yaşayıp yaşamadığını kontrol et. Eğer çok ürperirsen "Ey ruh, seni serbest bırakıyorum!" deyip ışıkları aç. Arkadaşlarınla notlarını karşılaştırıp ünlü bir hayaletle karşılaşıp karşılaşmadığını anlamaya çalış.

CİDDİ HAYALETLER!

Edinburgh, İskoçya
Ünlü Edinburgh tiyatrosunun Albert adında, gri paltolu, cana yakın bir hayaleti vardır. Onun arada bir insanlara yardım etmeyi seven eski bir sahne görevlisi olduğuna inanılır!

Banghar Fort, Hindistan
Bu Hint kasabasının lanetlendiği ve hemen arkasından işgal edildiği söylenir. Oradakiler bugün bile hayaletlerin, meraklı ziyaretçileri yanlarına yaklaştırmadığına inanır.

Charles Köprüsü, Prag
Ortaçağ'da bu köprünün üzerinde on tane lordun kafası uçurulmuş. Hayaletlerinin hâlâ orada gezindiğine ve geceleri köprüyü geçmeye çalışanları korkutmak için şarkılar söylediğine inanılır.

ÖNCE GÜVENLİK!
Bir yere giderken büyüklere haber vermeyi unutma ve geceleri asla yalnız dışarı çıkma.

NEDEN OLMASIN?
Yanına bir kamera al ve birtakım esrarengiz olayları yakalamaya çalış!

BİTTİ! TAMAMLANDIĞI TARİH: ....

87 BLOK BASKI YAP

Bundan sonra eline geçen ilk polistiren (köpük) kutuyu sakla. Onunla güzel bir sanat eseri yapabilirsin!

MALZEMELER:
- Yiyecek kutusu
- Kurşunkalem
- Tabak
- Boya
- Kâğıt
- Boya rulosu

1 Yiyecek kutusunun düz yüzeylerinden birine resmini hafifçe çiziktir. Çizimden memnunsan kalemi biraz daha bastırıp iz çıkararak resmin üstünden geç.

2 Boyayı tabağa döküp ruloyu batır. Rulonun yüzeyinin eşit biçimde boyayla kaplanması gerekiyor.

3 Ruloyu, bütün yüzeyi kaplayacak şekilde kutunun üzerine sür. İnce bir katman sür, çünkü aksi halde çizimin kaybolur.

4 Kutunun üzerine bir kâğıt koy. Ellerinle bastırarak boyanın iyice yayılmasını sağla.

5 Kâğıdı yavaşça kaldırıp eserine bak! Bunu dilediğin kadar tekrarlayarak posterler, hediye paketleri, hatta defter kitap kaplamak için kap kâğıtları yapabilirsin!

NEDEN OLMASIN?
Şablonu hazırlarken farklı renkler kullanarak kâğıtta farklı renk katmanları yaratabilirsin.

BİTTİ! TAMAMLANDIĞI TARİH:

88 YALAN MAKİNESİ OL

Bu ipuçlarını izleyerek yalanları ortaya çıkar!

BEDEN DİLİ LİSTESİ

İnsanların beden dilini okumayı öğren! Yalancıların klasik davranışlarına bir göz at:

- ✓ **Yüze dokunmak**
- ✓ **Enseye dokunmak**
- ✓ **Saçla oynamak**
- ✓ **Normalden fazla göz kırpıştırmak**
- ✓ **Ellerle oynamak**
- ✓ **Karşısındakinin gözlerinin içine bakmamak**

DİĞER BELİRTİLER:

Ses tonuna dikkat et. Üzücü bir şeyden neşeyle mi söz ediyor? Hayır derken başını evet der gibi mi sallıyor? Çok mu hareketsiz duruyor? Akıllı bir yalancı, huzursuzmuş gibi görünmemek için hareketsiz durmaya çalışabilir. Eğer çok hareketsizse ya da inip çıkmayan bir ses tonuyla konuşuyorsa niyeti iyi olmayabilir!

BİTTİ! TAMAMLANDIĞI TARİH:

YAĞIŞ MİKTARINI ÖLÇ | 89

Meteoroloji hakkında bilgi edinmek için bir sürü pahalı alete sahip olman gerekmiyor. Basit bir yağmurölçer yaparak oturduğun bölgeye düşen yağış miktarını ölçebilirsin.

1 2 litrelik bir pet şişenin tepesini kes ve devrilmemesi için dibine birkaç tane taş koy. Tepe kısmını ters çevirerek elde ettiğin huniyi şişenin ağzına yerleştir.

2 Bir cetvel ve suya dayanıklı bir kalem al. Yağmurölçerinin yan tarafına santimetre çizgileri çek.

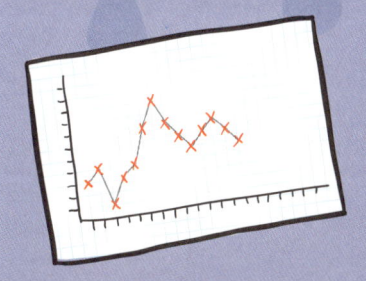

3 Ölçtüğün yağış miktarını bir grafiğe not et. Y eksenine haftanın günlerini, X eksenine yağış miktarını işaretle.

NEDEN OLMASIN?
Senden uzakta oturan bir arkadaşından ya da akrabandan kendi oturduğu bölgedeki yağış miktarını ölçmesini rica et. Sonra da grafikleri karşılaştır!

BİTTİ! TAMAMLANDIĞI TARİH:

90 BİR AİLE ARMASI TASARLA

Geleneksel bir aile armasında, bir kalkanın üzerinde aileyle ilgili çeşitli özelliklere yer verilir. Haydi sen de kendi ailen için bir arma yap!

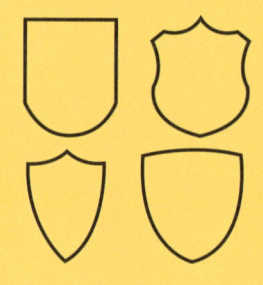

1 İlk önce kalkanının şeklini belirleyip çiz. En sık kullanılan şekiller yukarıdakilerdir. Ama sen kendi tasarımını da yapabilirsin!

2 Aile bireylerini düşündüğünde aklına gelen ilk sözcüklerin listesini yap. Bunlar, kalkanın üzerindeki simgeleri oluşturacak! Listeye aile bireylerinin isimlerini ve her biriyle ilgili güzel birkaç özellik not et.

3 Armalı kalkanında her aile bireyine bir bölme ayır. Sonra listenden her biriyle ilgili bir özellik seçerek ilgili bölmeye çiz.

BİTTİ! TAMAMLANDIĞI TARİH:

NEDEN OLMASIN?
Armana bir de aile sloganı ekle. Örneğin, "Cuma gecesi sinema gecesidir!"

PARMAĞININ UCUNDA BASKET TOPU ÇEVİR | 91

Bu, ustalık isteyen bir beceridir; ama biraz pratik yaparsan top çevirme tarzınla herkesin gözünü boyayabilirsin!

1 Basket topunu bir elinde tut ve diğer elinle topu hızla döndür. Topu tutan elindeki parmaklardan herhangi birini kullanarak dönen topu havada tut. İşaret parmağın en kolayı olacaktır.

2 İşaret parmağının ucunda dönmekte olan topa arada bir hafifçe vurarak dönmeye devam etmesini sağla. Biraz bekleyip bunu tekrarla.

3 Dirseklerini kırıp çeneni dik tut ki dengeni kaybetme. Her seferinde biraz daha uzun çevirmeye çalış!

ÖNEMLİ İPUCU!

İşe başlamadan önce topun havasını azıcık al. Böylece parmağının değeceği alan artmış olur; bu da topu daha rahat kontrol etmeni sağlar!

BİTTİ! TAMAMLANDIĞI TARİH:

92 ATIKLARDAN KUŞ EVİ YAP

Bahçene kuş uğramıyor mu? Kuşları bahçende dinlenmeye ya da bir şeyler atıştırmaya davet edebilirsin!

MALZEMELER:

- Boş ve temiz bir meyve suyu kutusu
- Boya ve fırça
- Makas
- Tutkal
- Delgeç
- Kalın ip
- Dondurma çubuğu
- Kuş yemi

1 Meyve suyu kutusunu boyayıp süsledikten sonra kurumaya bırak.

2 Kutunun alt kısmına, kuşların girip çıkabilmesi için bir kapı aç!

3 Dondurma çubuğunu kutunun altına yapıştır. Burası, kuşların tüneği olacak!

4 Kutunun tepesine bir delik açıp buradan sağlam bir ip geçir.

5 Kutunun dibine kuş yemi koyduktan sonra hazırladığın evi bir ağaç dalına as. Bak bakalım, karnı acıkan kuşlar geliyor mu?

NEDEN OLMASIN?
Bahçeni ziyaret eden farklı kuş türleriyle ilgili bir günlük tut!

BİTTİ! TAMAMLANDIĞI TARİH:

93 MÜTHİŞ BİR SIĞINAK YAP

Yağmurlu bir günde ellerinle yaptığın kocaman bir sığınakta vakit geçirmekten daha güzel bir eğlence olabilir mi? Battaniyelerini, minderlerini, sandalyelerini topla ve bak bakalım, neler yapabiliyorsun!

Kırılabilir eşyaları kaldır. Sığınağı yaparken sağlam olmayan ya da ufak mobilyaları kullanmaktan kaçın ki içeridekilerin üzerine yıkılmasın.

Battaniyeleri çarşafları ve havluları masa, koltuk, kanepe gibi büyük mobilyaların üzerinden sarkıt.

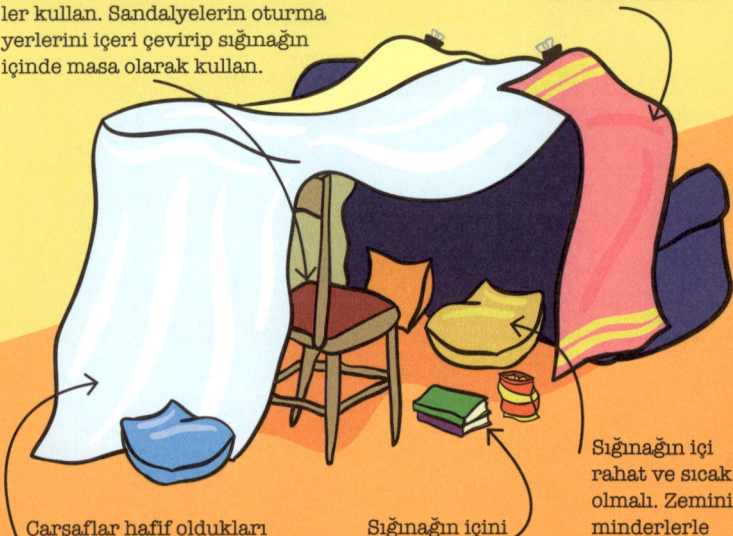

Çarşafları sermek için sandalyeler kullan. Sandalyelerin oturma yerlerini içeri çevirip sığınağın içinde masa olarak kullan.

Çarşaflar hafif oldukları için çatı için en iyi malzemedir. Onları büyük kıskaçlarla ya da minderlerle sabitle.

Sığınağın içini eğlenceli şeylerle doldur. Kitaplar, oyunlar ve abur cubur gibi!

Sığınağın içi rahat ve sıcak olmalı. Zemini minderlerle kapla ki oturacak yumuşak yerler olsun.

BİTTİ! TAMAMLANDIĞI TARİH:

BİR DAHA ASLA SIKILMA

94

Yalnızsın diye sıkılmak zorunda değilsin! Tek başına olsan bile her zaman denenecek eğlenceli bir şeyler var.

1 Duvara tenis topu atıp tut. Düşürmeden kaç kere sektirebilirsin?

2 Evde ya da dışarıda hulahup çevir. Düşürmeden ne kadar çevirebiliyorsun?

3 En sevdiğin şarkıya dans figürleri uydur.

4 Yatak odanda, müzik enstrümanı olarak kullanabileceğin üç nesne bul.

5 Bir kutu, bir fener ve ufak oyuncak figürler kullanarak bir gölge tiyatrosu kur.

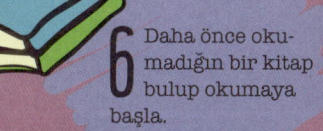

6 Daha önce okumadığın bir kitap bulup okumaya başla.

7 Gelecekteki kendine bir mektup yaz.

8 Kendi çizgi roman kahramanını yaratıp çiz.

BİTTİ! TAMAMLANDIĞI TARİH: ....

95 LİMONATA YAP

Sıcak bir yaz gününde bir bardak buz gibi ev yapımı limonatadan daha güzel ne olabilir? Bu tarifle altı bardak limonata yapabilirsin.

MALZEMELER:
- 8 limon
- 1,5 litre su
- 250 gr toz şeker

1 Sekiz limonun suyunu sıkıp bir sürahiye koy. Çekirdekleri içine kaçırmamaya dikkat et.

2 Bir büyüğünden suyun üçte birini bir kapta şekerle birlikte ısıtmasını iste. Şeker tamamen eriyene kadar karıştırmayı unutma. Sonra bunu limon suyuna ekle.

3 Suyun geri kalanını sürahiye döktükten sonra buzdolabında soğumaya bırak. İçine buz atıp limon dilimleriyle servis et.

BİTTİ! TAMAMLANDIĞI TARİH:

FİZİK KURALLARIYLA OYNA

96

Bu müthiş numarayı deneyerek yere düşen bir topun enerjisini bir diğerine aktarmaya çalış.

1 Bu deney için bir basket topuna (ya da futbol topu gibi bir topa) ve bir tenis topuna ihtiyacın var.

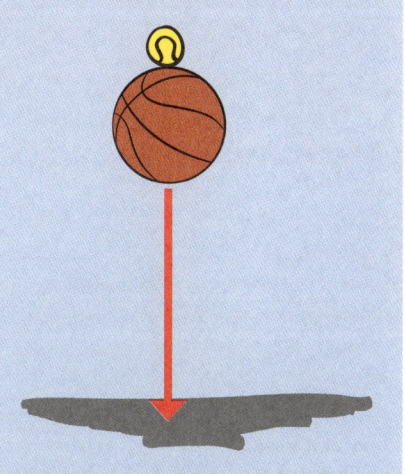

2 Tenis topunu basket topunun üzerine yerleştirerek her ikisini birden yere bırak.

3 Basket topu dururken tenis topu, basket topundan kendisine aktarılan enerjiyle havaya sıçrar.

NEDEN OLMASIN?
Bir de pinpon topu al ve bak bakalım, aynı numarayı üç topla yapabiliyor musun?

BİTTİ! TAMAMLANDIĞI TARİH: ....

97 ORİGAMİ SANATINDA USTALAŞ

Origami, eski bir Japon kâğıt katlama sanatıdır. Kare şeklindeki basit bir kâğıt parçasıyla neler yapabileceğine inanamazsın. Mesela, şu şirin tavşanı yapmakla işe başlayabilirsin.

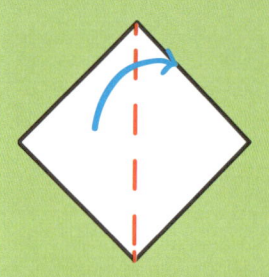

1 Kare şeklinde bir kâğıt parçası alıp iki üçgen elde edecek biçimde ortadan ikiye katla.

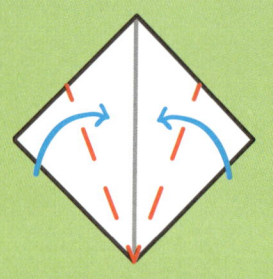

2 Kâğıdı aç, ardından köşeleri merkezdeki çizgiye doğru katla.

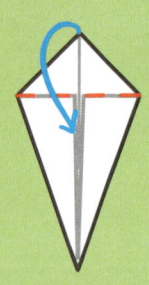

3 Üst köşedeki üçgeni aşağıya doğru katla.

4 Tepedeki üçgenin ucunu yukarı doğru katlayarak tavşanın kuyruğunu yap.

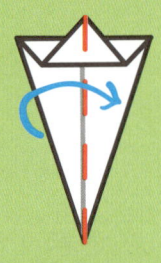

5 Kâğıdı merkezdeki çizgiden ikiye katla.

6 Şimdi elindeki kâğıt böyle görünüyor olmalı.

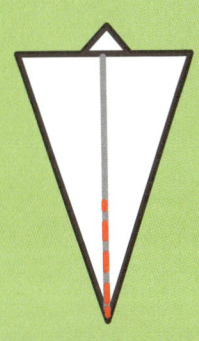

7 Makasla, merkezdeki çizginin altından, üçte biri uzunluğunda bir kısmını kes. Bunlar, tavşanın kulakları olacak.

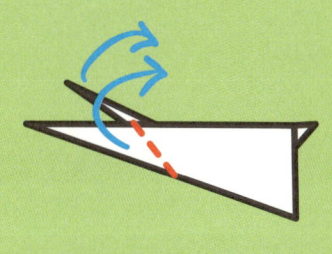

8 Daha sonra kulakları geriye doğru kıvır.

9 Alttaki köşeleri içe doğru kıvır. Bu sayede tavşan oturabilecek.

10 Kulakları aşağı kıvır. İşte origami tavşanın hazır!

NEDEN OLMASIN?
Farklı renklerde kâğıtlar kullanmayı ve tasarımının üzerine ayrıntılar çizmeyi de dene!

BİTTİ! TAMAMLANDIĞI TARİH:

98 SU BALONLARIYLA VOLEYBOL OYNA

Sıcak bir günde kumsalda, parkta, hatta bahçede oynanacak bundan daha güzel oyun yok. Ama hazırlıklı ol, sırılsıklam olacaksın!

1 Ağını ger ve oyuncuları topla. Bu oyunu oynamak için en az dört kişi gerekiyor.

2 Su balonlarını doldurup oyun için hazır et.

3 Her takım, bir plaj havlusu ya da battaniye yardımıyla su balonunu ağın diğer tarafındaki takıma fırlatmaya çalışsın. Diğer takım da balonu kendi havlusuyla yakalasın. En az balon patlatan (ve en kuru kalan!) takım kazanır.

NEDEN OLMASIN?
Aynı anda iki su balonunu birden oyuna sokarak eğlenceyi ikiye katla!

BİTTİ! TAMAMLANDIĞI TARİH:

KENDİ BUMERANGINI KENDİN YAP

99

Bumerang, Avustralya Aborjinleri tarafından kullanılan bir alettir. Basit bir karton parçasından bu üç kanatlı ve çok havalı bumerangı yapabilirsin.

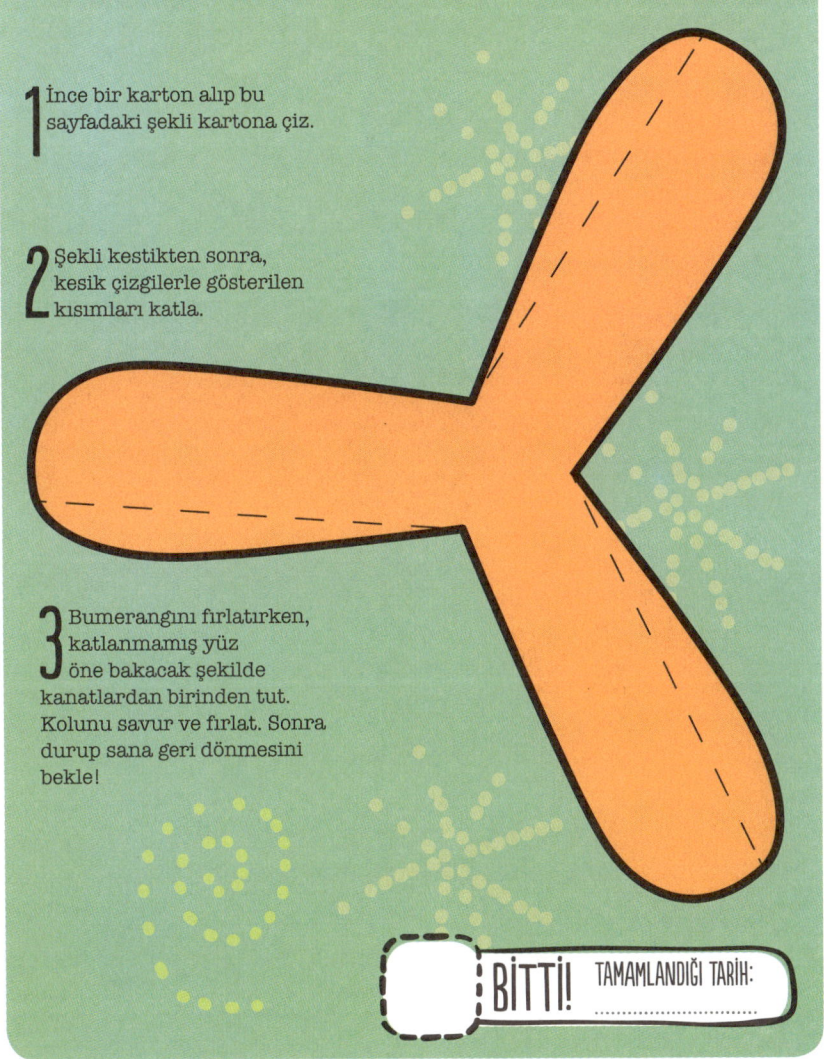

1 İnce bir karton alıp bu sayfadaki şekli kartona çiz.

2 Şekli kestikten sonra, kesik çizgilerle gösterilen kısımları katla.

3 Bumerangını fırlatırken, katlanmamış yüz öne bakacak şekilde kanatlardan birinden tut. Kolunu savur ve fırlat. Sonra durup sana geri dönmesini bekle!

BİTTİ! TAMAMLANDIĞI TARİH:

100 ÇİN TAKVİMİNE GÖRE BURCUNU BUL

Çin takvimi eski olmasına eski ama geçerliliğinden hiçbir şey kaybetmiş değil! Doğduğun yıla bak. Sen hangi hayvansın?

FARE

2008, 1996, 1984, 1972

Zekân sayesinde harika bir konuşmacısın ve çok sosyal bir hayatın var.

ÖKÜZ

2009, 1997, 1985, 1973

Güçlü, dengeli ve güvenilirsin. Ama hepsinden önemlisi, bitmez tükenmez bir sabrın var.

KAPLAN

2010, 1998, 1986, 1974

Hırsın ve özgüvenin sayesinde çok iyi bir lidersin. Ayrıca cesur ve cömertsin!

TAVŞAN

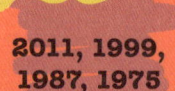

2011, 1999, 1987, 1975

İradeli, zarif ve iyi kalplisin. Anlaşmazlıklardan nefret ediyorsun!

EJDERHA

2012, 2000, 1988, 1976

Müthiş bir hayal gücün var ve hedeflerinin tümüne ulaşmak istiyorsun.

YILAN

2013, 2001, 1989, 1977

İletişim konusunda çok hassassın. Ciddi şeyler düşünmekten hoşlanıyorsun.

AT

2014, 2002, 1990, 1978

Çok çalışıyorsun ama çılgın, anlık maceralara da hep açıksın.

KOYUN

2015, 2003, 1991, 1979

Her zaman sakinsin. Kriz anlarında bile... Ayrıca her zaman cömertsin!

MAYMUN

2016, 2004, 1992, 1980,

Kıvrak bir zekâya sahipsin ve etrafındakileri cezbetmeyi iyi biliyorsun. Hep hareket halindesin!

HOROZ

2017, 2005, 1993, 1981

Çok ağırbaşlısın ve genellikle ilgi odağı olmaktan hoşlanıyorsun! Ayrıca cömert ve iyi niyetlisin.

KÖPEK

2018, 2006, 1994, 1982

Çok şanslısın! Ayrıca dürüst ve yaşından olgunsun.

DOMUZ

2019, 2007, 1995, 1983

Kararlılığın ve azmin başkalarına da fayda sağlıyor. Hep olumlu kalmayı başarıyorsun.

BİTTİ! TAMAMLANDIĞI TARİH:
....

101 KÂĞIT HAMURUNDAN KÂSE YAP

Bu basit adımları izleyerek eski gazete kâğıtlarını rengârenk kâselere dönüştürebilirsin. Bir tanesini de bir arkadaşına hediye etmeye ne dersin?

MALZEMELER:

- Kalıp olarak kullanılacak bir kâse
- Streç film
- Şeritler halinde kesilmiş gazeteler
- Suyla karıştırılmış beyaz tutkal
- Boya
- Boya fırçası
- Vernik
- Makas

1 Kâsenin dışını streç filmle kapla. Bu, kâğıt hamurunun kururken kâseye yapışmasını engelleyecek.

2 Şeritler haline getirdiğin gazete kâğıtlarını sulandırılmış beyaz tutkalla kâsenin dışına üst üste yapıştırmakla işe başla.

3 Kâseyi kapladıktan sonra birkaç saat kurumaya bırak. Sonra yeni bir katman ekle. Kâğıtları çok fazla ıslatma, yoksa düzgün şekilde kurumazlar.

4 Kâseyi birkaç katman kâğıtla kapladıktan sonra iyice kurumasını bekle. Sonra kâğıtları kalıptan çıkar. Fazlalıkları makasla kes.

5 Artık sıra kâseni süslemekte! Bunu boya ya da simle yapabileceğin gibi, güzel bir kolaj etkisi yaratmak için farklı renklerde kâğıt katmanlarıyla da yapabilirsin.

6 Bir kat vernik sürerek kâseni tamamla. Elinde vernik yoksa, bir kat normal beyaz tutkal sürmek de kâseni parlatmaya yardımcı olur.

NEDEN OLMASIN?
Farklı büyüklüklerde kâseler yaparak bir takım oluştur.

BİTTİ! TAMAMLANDIĞI TARİH:
....

GÜVENLİK ÖNLEMLERİ:

BUNLARI YAP:

✓ Makas gibi keskin cisimleri kullanırken dikkatli ol.

Bisiklete ya da kaykaya binerken kask tak.

Sanat projeleriyle uğraşırken her zaman eski giysiler giy ya da önlük kullan.

Yönergeleri takip et ve güvenlik uyarılarını dikkate al.

BUNLARI YAPMA:

✗ Bir büyüğünden izin almadan etrafı batıracak bir projeye başlama.

Bir büyüğe haber vermeden hiçbir yere gitme!

KATKIDA BULUNANLAR

Yazan: Laura Dower
Tasarım ve Çizimler: Dan Bramall ve Katie Knutton
Çeviren: Mercan Yurdakuler Uluengin
Yayın Yönetmeni: Ebru Şenol
Editör: Burcu Ünsal
Baskıya Hazırlayan: Hüseyin Vatan

38, 41, 55, 61, 64, 96 ve 100 numaralı etkinliklerde kullanılan görseller Shutterstock'tan alınmıştır.